KAORI AKAZAWA　HEIDI TAAM　MAKOTO UCHINO

LOCAL HAWAII

～ロコが教える 心とカラダのメンテナンスガイド～

赤澤かおり / ハイディ・タム / 内野 亮

LOCAL

Be open.
―― 開放的になること

Be aware of your feelings.
―― 自分の感覚に気づくこと

Listen to the messages you and your body is giving you.
―― 自分のカラダの訴えに耳を傾けること

Good or bad it is a reflection of self. Recognize this and release it.
―― 良いことも悪いことも、自分自身が鏡。それを認識してリリースすること

Take a leap of faith.
―― 理屈抜きで信じること

The Hawaiian style
"Reset, Refresh, Rejuvenate."

ローカルのようにハワイで過ごし、
自分をリセットする方法

RULES

If you get scared or feel fearful, know this is good. Recognize it as a challenge.
　　　──恐怖心はいいこと。むしろ次への挑戦だと認識するといい

Write down your feelings, goals, aspirations.
　　　──自分の思いや目標を書き留めること

Try something new daily.
　　　──毎日、何か新しいことに挑戦すること

Learn something new daily.
　　　──毎日、何か新しいことを学ぶこと

Big or small it doesn't matter.
　　　──大きいか、小さいかはどうでもいいこと

Small consistent steps over a long period time result in huge changes.
　　　──長年かけて努力してきた小さなステップが、大きな変化につながり、

This will become part of your lifestyle.
　　　　いずれライフスタイルとなる

TASTE　"食べること"
SEE　"見ること"
HEAR　"聴くこと"
TOUCH　"触れること"
SMELL　"においを嗅ぐこと"
DO　"実行すること"
FEEL　"感じること"

はじめに

HEIDI TAAM
ハイディ・タム

We most easily learn and gain insight when all our senses are wide open. While on holiday it is easiest and most enjoyable to open up ourselves to new experiences and ideas which leads to growth and renewal. We invite you to see, hear, taste, touch, smell and experience all that Hawaii has to offer to enhance your life and pass the aloha spirit back home to your friends and ohana!

人はすべての感覚が全開になったとき、いろいろなことを吸収できます。休暇中は、まさにそのとき。自分自身を解放し、新しい経験や考え方にふれることで、成長し、生まれ変わるチャンスです。この本は、ハワイで、見て、聞いて、味わい、ふれて、かぐ…といった自分の五感を全開にするとともに、それらを経験することで、人生をより楽しく有意義に過ごしてほしいという私の思いを込めたもの。このアロハスピリットを家族や友人にもシェアして欲しいなと思います。

KAORI AKAZAWA
赤澤かおり

ハイディと知り合い、23年が経ちます。ハワイを訪れるたび、心だけじゃなく、体ごと身をもって体験、体感することでハイディから教わるアロハな気持ちやシェアすること。私にとってハイディは、いつでもすべて受けとめ、大きく包んでくれるハワイそのもの。これは、そんなハイディと昨年の秋に1カ月、さらに今年の春に1カ月と長期にわたり、ともに暮らし、話し、見て、聞いて、ふれて、体験し、笑ってきたことをまとめた1冊。いつも以上に目を見開き、クンクンと鼻をならし、よく聞き、体で感じるハワイでの毎日と大笑いの日々に感謝。いつもより、もっとハワイが深く、好きになったよ、ハイディ。ありがとう。この気持ちと経験が、ハワイを愛するみなさんに届きますように。

MAKOTO UCHINO
内野 亮

ハイディとともにのんびり、ゆる〜り。ただただ、ハワイを楽しみ、ハッピーになることをしながら取材してきました。"自分を幸せにすること"それがハワイと近くなること、ハワイと一体となることなのだと教えてもらった1カ月。ハッピーなことは、ローカルなもの、こと、場所の中にたくさんありました。知らず知らずのうちに楽しみながら取材していたのは、ローカルのやさしさとさりげなさがあってこそ。その中心にいたのが、本当のローカルで、ローカルのみんなに愛されている"ハイディ"でした。また僕は、ハイディにたくさんのことを教わりました。いつもありがとう！

LOCAL RULES *2*
はじめに *4*

TASTE *8*

BREAKFAST *10*
LUNCH *16*
LIGHT SNACK&TEA TIME *24*
DINNER *30*
GROCERY &TAKE OUT *42*
FARMERS' MARKET *44*
NATURAL SUPER MARKET *46*
LET'S COOKING *48*
教えて！SEAN MORRIS *52*

HEAR & SEE *54*

MUSIC LIVE & SHOW *56*
HEALING & MANA *62*

DO *68*

CHALLENGE *70*
RELAX *76*
TRANSFORMATION *80*

TOUCH 86

Beach Style Wear&Goods 88
Cute Goods 94
Vintage&Collectable 96
Heidi's Fashion 98

SHORT TRIP 100

North Shore 102
Waimanalo&Kailua 120
Wahiawa 126

STAY 137

Moana Surfrider a Westin Resort & Spa 138
Halekulani 140
Hilton Hawaiian Village Waikiki Beach Resort 142
The Royal Hawaiian, a Luxury Collection Resort 144
Waikiki Sand Villa Hotel 146
Waikiki Parc Hotel 148
The Surfjack Hotel & Swim Club 149

MAP 153

※ ❤ は赤澤かおり、 👧 はバイディタム、 👩 は内野亮の文章です。
※掲載の店舗や施設のデータは2016年7月現在のものです。移転や閉店している場合もありますのでご了承ください。また
休日は定期的な休日を記載し、独立記念日や感謝祭、クリスマスなどの祝祭日は変更の場合があります。

LOCAL HAWAII
TASTE

Tasting the food grown in the area you visit gives us a feel of the energy of the land it grows in. It allows our body to get in touch with new nutrients and flavors that wakes up our system to something new, exciting and even pleasurable. Food is also a gateway to get to know other cultures and create mutual understanding and appreciation for one another. Go ahead and dive in to Hawai`i's multi-cultural foods!!!

ローカルハワイ
味わう

ローカル産の産物を味わってみると、
大地から湧き上がるエネルギーを感じられるはず。
新しい栄養や風味と出合って、
カラダもエキサイティングでワクワク、何か新しい発見をした気分に。
食は、私たちのカラダに栄養を与えるだけではなく、
他文化との接触点でもあるもの。
お互い違う文化を共有し、理解し、感謝することを教えてくれます。
ハワイのマルチな食文化を経験してみて。

"Taste" Breakfast

2人の姉妹とそのダンナ様たちによる家族経営。キッチンでは姉妹のお母さんが一生懸命働いていて、ほっこりした気分に。ラテは抹茶ラテ、ラベンダーラテなど種類いろいろ。アートもめっちゃ、かわいいのー。フードのラストオーダーは15時。

めまぐるしく進行中のカカアコ開発エリアでぽこっと低い軒先が連なる一角に、よく行く中古レコード屋さんがある。その向かいの［パイコ］（P94）というグリーンショップと同空間におしゃれなカフェがオープン。オーストラリアの人ならみんな知ってる、麦とイーストからできた味噌と醤油のような味わいの"ベジマイト"というペーストをぬったトーストや、写真のように野菜やフルーツをたっぷりのせたオーブントースト、きめ細かなミルクがのったラテなど、見た目もかわいくてヘルシーなフードがモリモリ。おすすめよ。

［アーヴォ］とはオーストラリアの俗語で"午後"という意味。最近注目のカカアコの中心地にあるので、朝ごはんにはもちろん、空港から直行して小腹を満たしつつ、ハワイモードにも浸れるところ。オーストラリア名物のシンプルなベジマイト（ハワイではここだけ！）をぬったものから、アボカドたっぷりのトーストまで、メニューいろいろ。グリーンと花に囲まれた空間で食後のラベンダーラテをすれば、最高に幸せに。

ARVO CAFÉ

アーヴォ・カフェ
675 Auahi St., Honolulu
☎ 808-537-2021
7:30-17:00 (Sat. 8:30-)
無休
MAP P154-B-2

Loaded Avocado Toast、Smoked Salmon各$6.50、チョコレートペーストにフルーツたっぷりのNutella Toast($5.50)がハイディと私のお気に入り。

イケメンスタッフが1杯ずつていねいに淹れてくれるコーヒー。これがホント、おいしい。

左、バナナブレッド$3.50、アイスアメリカーノ$4。右、ハワイでは珍しい、食パンを使ったオープンサンド(Butter Toast w/Egg) $7。ポーチドエッグをプチッとつぶしてパクッと食べるのがうまいのです。

メニューにあれば、まず注文してしまう大好きなもの、バナナブレッド。ここ数年の私史上、いちばんお気に入りなのがここのもの。しっとり感といい、バナナがこれでもかと入っている大胆さとねっとりとしたバナナ感といい、完璧。甘さもちょうどいい。甘くなさすぎるのは物足りないので、ほど良くがいい。いわゆるサードウェーブと呼ばれる、コーヒーブームの波にもしっかり乗りつつ、己のテイストもしかとある、そんなカフェ。奥にはローカールアーティストによる作品が展示されていて、朝ごはんを食べながら、コーヒーを飲みながら、のんびり、あるいはぼんやり、それらを眺めながらモグモグ、ごくごくできるのです。

ARS CAFÉ GALLERY

アース・カフェ&ギャラリー

3116 Monsarrat Ave., Honolulu
6:00-16:00 (Sun. 7:00-15:00)
無休
MAP P157-C-6

ISLAND BREW COFFEE HOUSE

アイランド・ブリュー・コーヒーハウス

377 Keahole St., Honolulu
☎808-394-8770
6:00-18:00(Sat.&Sun. 7:00~)
無休
MAP P159-D-2

個人的にコーヒーは飲まないけれど、ハワイのコーヒーハウスの中ではここが一番好き。何よりオーナーのサービス精神、コミュニティ的な雰囲気がいいところ。100％ハワイ産のコーヒーのみを使用していることやガラス製か土に返るトウモロコシを原料にしたカップかを選べるサステイナブルなところも共感できる。しかもローカル産やオーガニック素材のみを使用するといったこだわりも。ハンドメイドのコーヒーマグ！これもお気に入り。屋内のテーブルなら電源や無料Wi-Fiを利用できるし、外のテーブルでサンライズを楽しんだり、海風を感じながらヤシの木陰でゆっくりするのも。私は友達と話に花を咲かせたり、ビジネスミーティングや仕事にも愛用中。

ココ・ヘッドを登った後や、ハナウマ湾で泳ぐ前、島巡りの途中で立ち寄るのにもおすすめ。Toasted Bagel with Cream Cheese $3.75、Caffe Latte $3.95~。オリジナルのハンドメイドマグ($18.99)はおみやげにも。私は毎晩お茶を飲むときに使ってます。右、Original Waffle $8.45。

左上から時計回りに。アカザワさんはKewalo Breakfast $11.95／Poi Pancake with Mac Nuts & Haupia Sauce $5.25／トラディショナルなラウラウプレートはボク。Lau Lau Combo $15.40／ハイディは"Uala cereal $6.85とDanny Bishop Ho'io Salad $6.35。

HIGHWAY INN

ハイウェイ・イン
680 Ala Moana Blvd., #105, Honolulu／☎808-954-4955
8:30-20:30 (Fri.&Sat. ~21:00, Sun. 9:00-14:30)
無休／MAP P154-B-2

1947年にオアフ島の西、リーワード地区にあるワイパフに開業して以来、ローカルに人気のレストランがカカアコに2店舗目をオープンしてもうずいぶんと経ちます。開業当時からメニューはほとんど変わらないけれど、蒸したタロイモの根から作ったポイ・ボウルは新しく加わったもののひとつで私のお気に入り。好き嫌いが分かれるけれど、独特の酸味が消化を助け、栄養もたっぷり。お腹にも優しい、まさしくハワイの健康食。何度も足を運んでハワイの伝統の味を味わって！

昔の文献の中の古代ハワイアンは筋骨隆々です。きっと、ハワイアン料理はプロテインが豊富でヘルシーだからだと思うんです。なので、この老舗レストランに来たからには、古代ハワイアンの真似をします。ティーリーフの葉で包んで蒸した豚肉などが盛り合わさった伝統的なハワイアン料理プレートを食べ、満足感に浸るのです。隣りを見ると、ハイディが見るからにヘルシーでローカル感たっぷりな料理をオーダーしてるじゃないですか！　ダメだ、本物には勝てないわ…つままぜて〜！

BREADBOX HAWAII

ブレッドボックス・ハワイ

Manoa Market Place
2752 Woodlawn Dr., 5-108, Honolulu
☎808-988-8822
7:30-Sold Out(Sat.& Sun. 8:00-)
Closed on Mon. / MAP P155-B-4

マノア・マーケット・プレイスの1Fにあり、朝早くから続々とロコが訪れる。プレーンなものから抹茶やユズ、フレッシュな季節のフレーバーまでスペシャルなドーナツがいっぱい！$1.50〜。写真のBreadbox Breakfast（$7.50)も人気。コーヒー$2。

　すべてイチから手作りの少量生産のパン、ドーナツやペストリー、ムース、そしてブレックファストメニューと種類豊富。ユズやリリコイなどのトッピングやチョコレート・ベーコン・クッキーのようなユニークでおいしいものが勢ぞろいのパン屋さん。ドーナツに目がない私にとって、ここのものはフワフワな食感とほんのりした甘さがクセになる、大好きな味。レストランでもシェフをしていたオーナー・マイクのアーティスティックな才能は、独創的なフレーバーや新作にも存分に発揮されている。お店の外にはテーブルがあるので、マノア渓谷を眺めながら新鮮な空気と一緒に朝食を楽しむのも私のお気に入りの朝の過ごし方です。

ペストリーは早くに売り切れてしまうので、朝早めがおすすめ。すべての商品が売り切れるのは通常夕方4時半〜5時頃。

"Taste" Lunch

上、山に囲まれた大自然に広がるのんびりとした農園。散歩するだけで気持ちいい。下、Free Range Organically Fed Chicken Egg $8（12コ入り）。

食は人と人をつなぐ鍵。[カフマナ・オーガニック・ファーム＆カフェ]は、自給自足を目的とした人と土地とが一体化したコミュニティ。美しき秘宝とも呼ばれるオアフ最大の渓谷、ルアルアレイ・ヴァレーの小道を奥深くへと進んだ谷間50数エーカーにわたり広がっている。農場でとれた野菜を使ったカフェでは、真の"Farm to Table（農場から食卓へ）"体験が。一口食べれば、味も新鮮さにおいても違いが歴然。野菜がたっぷりのDaily Specialをモリモリ食べ、フレッシュ・ハーブティーを飲んだ後は、併設のショップでとれたて野菜や卵、ローカル・アーティストの作品を買ったり、農場を散歩するのも楽しみ。農場を訪れることによって、ここで働く人々のサポートができるのも私にとって大事なことなのです。

ずいぶん前からこの場所を知っています。そして、隠れ家的な雰囲気が大好きで、大のお気に入りの場所になってます。どうしてだろうと思ったら、あっ！ハイディに教えてもらったのかも！ やっぱ、ハイディ、凄いっす！

KAHUMANA ORGANIC FARM & CAFE

カフマナ・オーガニック・ファーム＆カフェ
86-660 Lualualei Homestead Rd., Wai'anae
☎808-696-2655
11:30-14:30, 18:00-20:00
Closed on Sun.& Mon.
MAP P158-C-2

どのプレートにも野菜がたっぷり。メインにもなるサラダはGreek Salad$14、Kahumana Salad、Mexican Salad各$12など。どれもチキンやローカル産の魚、エビなどが追加できる。

ALOHA TOFU TOWN

デイリーメニューは、Tofu Loco Moco、Tofu Humburger Steak（各$6.50/S）、Tofu Steak（$7/S）など。

アロハ・トーフ・タウン
735 Iwilei Rd., #304 Honolulu
☎ 808-845-2669
11:00-14:00
Closed on Sun.& Mon.
MAP P154-A-1

1950年創業の"アロハ・トーフ"は日系人の私の生活に欠かせない存在。そのベントー屋さん［アロハ・トーフ・タウン］がイヴィレイ地区にできると聞いて「これは流行りそう！」と確信。種類豊富なムスビや日替わり弁当、温かい豆腐をお醤油で食べる"オボロ・トーフ"を目当てに来る人も多数。スタッフが常に新作を考案する豆腐レシピには斬新なものも。なかでも豆腐を使ったスイーツは甘さや食感がちょうど良く、甘いものが苦手な私でもひと口でパクッ！

日系移民の亀三郎さんと鶴子さんという、おめでたい名前のご夫婦が創業した"アロハ・トーフ"。2015年1月にオープンした［アロハ・トーフ・タウン］は、その豆腐や厚揚げなどを使ったデリとプレートランチのショップ。トーフ・ロコモコやトーフ・カレーライス、トーフ・カツなど、オリジナルのヘルシーなメニューはロコに大人気。最近は、トーフ・ロールケーキやおからシュークリームといったスイーツもお目見え。これまた絶品なのですよ。

上、全然期待しないで食べてビックリだった、Tofu Roll Cake $6。軽くてフワフワのクリームとしっとりした生地が相性抜群。体によくてこんなにおいしいなんて、スゴイ！ おからシュークリーム（$5）も同じく、クリームがいくらでも食べられる軽やかさ。豆腐なのにちゃんとクリームらしいコクがあるのも感激なのです。右、店内には初代の亀三郎さんと鶴子さんの写真が。お二人の名前をイメージしたお店のロゴマークはめっちゃキュート。

左、イチゴ、ブルーベリー、フェタチーズ、アサイ、アーモンド、などとケール、キヌアをミックスしたヘルシーなKale,Quinoa&Blueberry Salad＄17(Add Chicken)。下、海藻やハワイの塩などを加えたハワイアン、マヨネーズ味のスパイシー、シーアスパラガスを加えたカフクの3種が盛り合わさったAhi Poke Sampler＄19など。

素材の組み合わせが楽しめる一皿が好きです。特にフルーツと野菜を合わせたものが大好き。そんなメニューがまさかハワイで楽しめるなんて、と驚いたのが、ここのケールとキヌア、イチゴのサラダ。ハワイではすっかり定番のケールに、スーパーフードのキヌアを合わせ、ベリー系のフルーツが彩りと酸味、ちょっとした甘みを加えたこのサラダ。胃腸を掃除したいときにもちょうどよし！なのです。チキンもプラスできますが、フェタチーズがコクを加えてくれるので、このままでも満足度高し。あとは、ハワイアン、スパイシーなどいろいろなポケが楽しめるアヒポケ・サンプラーとライスを頼むのも私の定番。量も程良くっていいんです。

TROPICS BAR & GRILL

トロピックス・バー＆グリル

Hilton Hawaiian Village
Waikiki Beach Resort
2005 Kalia Rd.,Honolulu
☎808-949-4321 / 7:00〜22:30
無休 / MAP P156-D-2

19

見よ、この眺めを！ ダイヤモンドヘッドもワイキキビーチも独り占め。しかも、流れている空気は、ゆったり穏やかなのが、ハレクラニ・マジックなのです。

ORCHIDS

オーキッズ
Halekulani 2199 Kalia Rd., Honolulu
☎808-923-2311
7:30-11:00、11:30-14:00、18:00-22:00
（Sun. 9:30-14:30、18:00-22:00）
無休
MAP P156-D-3

"ちょっとゆったりしたいなぁ"ってときの、私のとっておきランチはここ。ダイヤモンドヘッドとワイキキビーチが望める、ザ・ハワイなビューとともにいただきたいのは、ローカル野菜にアンチョビとガーリックのディップソースをつけていただく"Bagna Freida($16)や、ふっくらした身にほど良く脂がのった"Char-Seared Norwegian Salmon"($32)など。ドレスコードもあるので、くれぐれもビーサンとTシャツ一丁では訪れないよう、ご注意くださいませ。

上、いかにもおいしそうなものを作りそうな、スーシェフのロビン・アバドさん。右、キャラメリゼしたヘーゼルナッツとチョコのハワイアンダークチョコレートサンデーもLOVEなもののひとつ。

WATER DROP VEGETARIAN HOUSE

ウォーター・ドロップ・
ヴェジタリアン・ハウス

801 Alakea St., Honolulu
☎808-545-3455
11:00-14:00
Closed on Sat.& Sun.
MAP P154-B-2

ハワイ仏教文化協会が運営する、ハワイにおけるヘルシーフード・シーンの最新店は、ダウンタウンのビジネスマンや学生、グルマンなど多種多様なお客さんでいつもいっぱい。仏教の教えに則ったメニューは、完全ベジタリアンの精進料理。ダウンタウンの歴史探訪の後、ヘルシーに食事するのにぴったり。併設のギフトショップでは台湾×ハワイのキュートなハンドメイド・ハッピーグッズも。2Fには誰でも自由に瞑想したり、祈りを捧げることのできる仏教会館もあり。

右、玄米、焼飯、焼きそばのいずれかに、日替わりのおかずを4品選べるプレート$10。または2品を選べるプレート($7)がある。左、檸檬愛玉や木耳桂圓(各$3)など、デザートやスープのサイドメニューも。

香港生まれ、ハワイ育ちのオーナー・デイヴィッドさんが切り盛りするここのメニューは、MSG(化学調味料)を使用していないことでも知られる、ロコに人気のチャイニーズ。必ずオーダーするのは、サクッと揚がったフライドポークチョップにローストしたニンニク、ショウガがのったボルケーノ・ポークチョップ$13.75。テーブルでファイヤーするエンターテインメント性もいいけれど、やっぱりこのおいしさが何より好きなのです。通し営業なので遅いランチにもグーよ。

LITTLE VILLAGE NOODLE HOUSE

リトル・ヴィレッジ・ヌードル・ハウス

1113 Smith St., Honolulu
☎808-545-3008
10:30-22:30
(Fri.& Sat. -23:00)
無休
MAP P154-B-2

上、ファイヤーしながらオープン!のVolcano Pork Chop$13.75。右、ロコの定番、Seafood with Mixed Vegetables Fried Noodle$10.95。

21

かつてイヒラニホテルで腕をふるっていたシェフの料理は、思いのほか繊細なハワイアンフード。マオファームの野菜を使ったSkinny Omlet(右上)や、グリーンバナナのお団子にバジル、香菜、オレガノなどを加えて煮込んだプエルトリコ料理Kimo's Pasteles Stew(左下／各$8)など。

KA'AHA'AINA CAFE

カハアイナ・カフェ

86-260 Farrington Hwy., Wai'anae / ☎808-697-3488
7:00-13:00 (Thu. 8:00-21:00, Fri. 8:00-13:00 & 18:00-19:00,
Sat. 14:00-21:00, Sun. 9:00-16:00)
無休 / MAP P158-C-1

ワイアナエコースト総合健康センター（P64）の敷地内にありながら、よくある病院のカフェテリアとはワケが違うココ。ワイアナエ山脈の丘の上にあるカフェから眺める海岸線のパノラマビューは、まさしく絶景。ロコの好きなパテレ・シチューや新鮮な魚を使った日替わりの料理につられてつい近くを通ると寄ってしまう。どの料理にも地元産の新鮮な野菜がついてくるのもうれしいのです。愛情とマナがこもった料理で、ハッピーになること間違いなし！

ハイディと2人でただひたすら海に浸かるときは、オアフ島の西、ワイアナエに行くことが多い。そんなときに連れてきてもらったこのカフェは、深いブルーの海を見下ろす高台の病院内にある。手付かずの自然が残り、ハワイアンの人たちも数多く暮らす場所に、地域の人々と病院スタッフのためにあるカフェに寄らせてもらい、プレートランチやハンバーガーを頬張る幸せな時間。ハイディから海に行く？　と誘われと、またここに寄れるかなとうれしくなるのです。

見たことはないんですが、昔のワイキキはこんな感じなんだろうな〜と思える景色を望みながら、しかもライブ・ミュージックを楽しみながら食べる極上のローカル・レストランだと思うんです。こんなところにレストランが！という場所だからこそのハッピー感も申し分ありません。ちなみに僕のオススメはパテレ・シチューで、オアフではなかなかお見えすることがないメニューらしいんです。えっ！　あ、はい、そうです、ハイディの受け売りです…。

Banana Hot Cakes(2枚)$5.75。バターとメープルシロップをたっぷりかけて召し上がれ。会計は食べ終わったらレジでテーブル番号(テーブルに貼られたステッカー)を伝えればオッケー。メニューにところどころ入っている写真がシュール。

HANNARA RESTAURANT

ハンナラ・レストラン

86-078 Farrington Hwy., Wai'anae
☎808-696-6137 / 6:00-20:00(Sun. -14:00)
無休 / MAP P158-C-1

オアフ島の西側、ワイアナエにあるローカル・ファミリーレストラン。ロコの大好きなバナナパンケーキ、ハワイアン・プレート、玉ねぎとグレービーソースがかかったグリルド・ポークチョップス、ハンバーガーステーキ、サイミンなど、コリアン、アメリカン、ハワイアンと多国籍なメニューが朝食からディナーまで終日楽しめます。どれもとにかく量が多いので、デザートまでたどり着くのは至難の業。お値段、量ともにとっても良心的。

マドンナやマイケル・ジャクソンの曲がビシバシ流れる店内でローカルたちに交じって食べるのは、バナナが水玉みたいにポンポンと入ったパンケーキ。パンケーキといってもチヂミみたいに薄いからあっという間にペロリ。生地にトロッと溶け込んだバナナと普通のバター、それにメープルシロップが混ぜこぜになった味わいが一体となってドーンと口に入ってくる幸せを求め、ワイアナエ方面に行くと、ついつい寄ってしまうのです。ポイやハワイアン・スタイルのシチューがセットになったプレートはハイディのお気に入り。私はここのあっさりしたサイミンも好き。

ハイディも大好きなHawaiian Plate with Poi and rice $12.95

23

"Taste"
LIGHT SNACK & TEA TIME

チーズケーキ、チョコレートムース、マカロン、スコーン、クリームサーモンのタルト、ローズマリーとオリーブのタルトなど、甘いとしょっぱいのミニがあれこれ。Moana Classic Tea Service $40。肌にききそうなAvocado Green Smoothy。最近好きなパンケーキは、ココナッツシロップをかけていただく、Moana Mango "Miryoku" Beautiful Pancakes $18。ちょっと恥ずかしい名前のパンケーキだけど、おいしいんです。

1900年代の初頭から紳士淑女に伝わるワイキキの伝統といえば、モアナの"アフタヌーン・ティー"。優雅に海を眺めながら、バニアンツリーの木陰に囲まれたラナイで紅茶を楽しむ姿は、とっても絵になるもの。ハワイ産バニラなどをブレンドした地元産のトロピカルティーと一緒に、ひと口サイズのサンドイッチやスコーンをつまむひとときは、時が経つのを忘れるほど。

旅の間、1回はこんなふうに非日常的な空間で優雅にお茶します。トロピカルな海とエレガントなアフタヌーン・ティーっていう、ちょっとちぐはぐで、ぷぷっと笑えるハワイならではのお茶目な組み合わせがいいのです。こういうことを難なく「いいの、いいの、かわいいんだから」とかたちにしてしまうところがハワイの良さ。てんとう虫型のチョコレートムースやグリーンティーとレモンのマカロンなど、アフタヌーン・ティーの三段には、お楽しみがてんこ盛り。いくつになっても女子にはこういう時間が必要だよなぁって思うのですよ。

THE VERANDA

ザ・ベランダ

Moana Surfrider, A Westin Resort & Spa
2365 Kalakaua Ave., Honolulu
☎808-921-4600
(Reservation / 8:30-19:00, Sun. -17:30)
6:00-10:30 (Breakfast),
11:30-14:30
(Lunch&Afternoon Tea)
無休
MAP P157-C-4

左、マンゴー、パパイア、ストロベリーなどが入ったスムーズ・ティー、Always Summer in Hawaii $5.50。中、アラスカサーモン、ディル、ビッグアイランドのスプラウトなど野菜モリモリのWild Salmon Salad $10.50。上、マリアさんがブレンドした症状別ハーブティー各$10.50。Vog Blendは火山灰で咳が止まらない人に。風邪ひきさんにはOver The Weatherを、といった感じ。

安心、安全なベビーグッズを扱うここでは、カフェでフードもいただける。Healthyだけでなく、Happy Eatingを、というオーナーのマリアさん・マユさん姉妹が作るフレッシュなローカル野菜たっぷりのサンドイッチやサラダ、スムーズ・ティーは、いくら食べても体が軽くて、しかもおいしい！ スムーズ・ティーとは、無農薬栽培のお茶をベースにマンゴーやバナナなどのフルーツを加えたもの。子どもがいるハワイの友人とお茶したり、出産祝いを選んだりするにもおすすめです。

BABY AWEARNESS & ISLAND TEA PARTY

ベイビー・アウェアネス&アイランド・ティーパーティ
Manoa Marketplace 2F, 2752 Woodlawn Dr 5-108, Honolulu
☎808-988-0010 / 10:00-17:00 / Closed on Mon. / MAP P155-B-4

VINTAGE 1901

ヴィンテージ・ナインティーン・オー・ワン
Moana Surfrider, A Westin Resort & Spa 1F,
2365 Kalakaua Ave., Honolulu
☎808-921-4600
17:00-22:00 (Live18:30-21:30)
無休
MAP P157-D-4

ワイキキの喧噪をしばし忘れ、ゆっくりとリラックスした時間を過ごせるこのワイン・ラウンジは、由緒あるモアナサーフライダーホテルのロビーにあり、有名なバニアンツリーのある中庭や、絵葉書のようなワイキキビーチを眺められる、静かで小さな隠れ家のような場所。ワインのセレクトもさることながら、おつまみがどれも手が込んでいる！ サンセットタイムから飲むのもよし、ディナーの後にピアノの生演奏に耳を傾けながら、ハッピーな人生とハワイの旅に乾杯するのもいい。

ドライのプロシュート、サラミなどをゴルゴンゾーラソースにつけて食べる、Crisp Charcuterie Chips。

ダイヤモンドヘッドのおひざ元という場所もアカザワ的にはお気に入り。

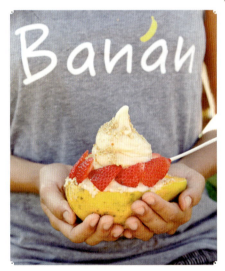

パパイヤボウル・バナナ・ストロベリー＋ビーポレントッピング$7。

🧑‍🦰 モンサラット通りのダイヤモンドヘッドがドーンとそびえるパーキングに、今あちこちで人気のトラック・フードと呼ばれるスタイルで出現したヴィーガンアイスクリーム屋さん。砂糖、卵、牛乳を一切使用せず、ローカル産でオーガニックのものを最優先に使ったヘルシー・アイスクリームとあって、またたく間に人気に。青空の下、手作り感満載のベンチに腰掛けてアイスを頬張る幸せったらないのです。しかもメンズオーナーが全員イケメンっていうのも個人的にうれしい限り。1人のときはカップで、数人のときはパパイヤボートにモリモリで！

👨 最初はバナナのネチョネチョ感がちょっと気になって、正直どうなんだろうと思ってました。でも最近は、果物のさっぱり感とヘルシー感で、なぜかやみつきになっています。30歳以下のオーナーやスタッフのアイデアに心から感激！ 今もそう書いてるだけで食べたくなってきた…。あ、最近、大学の近くにも新店舗を作っていて、そちらは冷房が効いているので、それはそれでおじさんはうれしいです〜。ね、アカザワおばさん、ハイディおばさんっ！

BANÁN

バナン
3212 Monsarrat Ave., Honolulu
☎ 808-392-8862
9:00-18:00
無休
MAP P157-B-6

27

THE TCHIN TCHIN! BAR

ザ・チン・チン・バー
39 N.Hotel St., Honolulu
☎808-528-1888
17:00-24:00
Closed on Sun.&Mon.
MAP P154-B-2

上、グリーンをあしらった気持ちのいいテラス席。日が落ちるとビアガーデンみたいな電球がポチポチ点いて、それもまたかわいいの。いろいろチーズがのったArtisan Cheese＄16。中、レンガの壁を生かした店内。シートもソファ席でゆったりめだからか、たらりんとくつろいでいる人多し。下、私たちのお気に入り、Stinky Grilled Cheese Sandwich＄10（左）とChampagne Buttered Lobster＄28（右）。

🧑 このところダウンタウンには、おしゃれでおいしいお店が続々とオープン中。ここもそのうちのひとつ。古い煉瓦造りのビルを生かしたシックな造りの店内と、ドーンと青空抜けした気持ちのいいテラス席とのコントラストがおもしろいバー。予約を受け付けていないので、早めに出かけて明るいうちから、ちょっと一杯っていうのが気分。フードはオリーブやチーズの盛り合わせ、チーズ・サンドイッチなどといった軽めのものが中心。なんだけれど、どれもちゃんと作っている感があるのは、ダウンタウンでおいしいと、いまだに大人気の［ライブストック・タバーン］と同じ系列のお店だから。ロコに交じって、夕暮れ前の一杯をぜひ。

土曜のみのブランチには、パリパリの皮がおいしいWaffle Fried Chicken Wingsや、リンゴとヤギのチーズがのったGo Farm Polenta $11、Warm Uala Doughnuts（スイートポテトのドーナツ）$8、Pig Face&Kimchee Omelette $14などがお目見え。

店名は、ワイアラエ通りにあることから、ハワイ語のWai（ワイ）と'Alae（アラエ）を英語にしたもの。ワイは水、アラエは絶滅の危機に瀕している水鳥"マッドヘン"のこと。シェフのエド・ケニーさんが生み出す味は、ハワイ、中国、韓国、日本などを旅したときに出合った料理を、ローカル産のフレッシュな野菜を使って巧みにミックスしたもの。ハワイの料理のトレンドは、ここのメニューを見れば一目瞭然！

カイムキの街を盛り上げてきた[タウン]のオーナーシェフ、エドさんの新しいお店。最近何かと話題のティラピアを使ったサラダや、グリルしたタコにタロの葉とココナッツミルクをミックスしたソースを合わせたものなど、ローカル素材との斬新な組み合わせがおもしろい、モダンハワイアン料理がここのスタイル。17時半〜18時半の"Pauhana Special"は、サンドイッチとビールなどがセットで$10とお得！

MUD HEN WATER

マッド・ヘン・ウォーター

3452 Waialae Ave., Honolulu
☎808-737-6000
17:30-22:00 (Fri. 17:30-24:00,
Sat. 9:30-14:00 & 17:30-22:00)
Closed on Sun.
MAP P155-C-5

アクアポニックスと呼ばれる水耕栽培の際に活躍する川魚・ティラピアは淡白な白身魚。それに豆腐やマウイオニオン、Palmハートなどを合わせたTilapiaskin Salad $14やYaki O Pai ai（焼き餅）$10。カクテルは日替わりのKitchen Cocktail（グリーン）$9〜をぜひ。

29

"Taste" DINNER

ブルグルと呼ばれる中東料理に使われるツブツブの粉ときゅうりやピーマンを合わせ、レモンハーブドレッシングであえたヘルシーなTabbouleh Salad $6.69。ソテーした魚やラムなどをマリネし、ピタでサンドしたSouvlaki $13.37〜など。

ハワイの数少ないギリシャレストランの中でも、昔から変わらぬ人気店。メニューはデリスタイルで、メイン5種、前菜7種のみと至ってシンプル。日替わりスペシャルもいいけれど、おすすめは焼き鳥のようなギリシャの代表料理"Souvlaki"。サラダなどに使うトマトはオーナーが特別に目利きした、しっかり熟れてから収穫したもの。好き嫌いの分かれる貝類もここのものは試してみる価値大！ おいしいですよ。

オーナーのサヴァスさんがカリフォルニアからハワイへやって来たのは1972年のこと。なんと、ダウンタウンにグリーク・ナイトクラブをオープンするためだったそう。独身時代によくここで食事していたハイディ曰く、その頃はここまで混んではいなかったとか。そう、ここはとにかく大人気店でオープンと同時に席を確保しないと、1回転待つハメになるのでご注意を。料理はフムスやフェタチーズ、野菜などをふんだんに使ったヘルシーなもの。いくら食べてももたれないので滞在中、体をリセットしたいときは、ここが頼りなのです。

カジュアルなのに、お洒落な雰囲気なんです。なんでだろう？ お客さんの品の良さかな？ ギリシャ料理が野菜たっぷりでヘルシーだから？ オープンテラスだから？ いやいや、やっぱりおいしいからかな？ なぜだかわからないけれど、ずーっと変わらないスタイルで、もう20年以上も続いています。注文はカウンターで、料理ができたら呼ばれて取りに行く。そんな気楽なスタイル。この気取りのなさがロコに愛され続けていて、このお洒落感を醸し出している理由なのかもなぁ。

場所は、カハラモールの端っこ。お店をぐるりと囲むようにしてあるテラス席がここのレストランの主なテーブル席。オープンと同時に行かないとすぐにいっぱいになるので注意！

OLIVE TREE CAFE

オリーブ・ツリー・カフェ
4614 Kilauea Ave., Honolulu ☎808-737-0303
17:00-22:00 / 無休 / MAP P155-C-5

お隣りのお店[Oliver]は、ワインやチーズ、ギリシャやブルガリアの食材を扱うお店。[Olive Tree Café]にはお酒を置いてないので、ここで料理に合わせてワインを買って飲むのです。

31

日本生まれ、サンフランシスコ育ちの［スシ・キング］は、私が学生時代から20年以上通い続ける思い出深いお店。ハワイで居酒屋スタイルの料理を始めたパイオニアでもある。私の家族のお気に入りは、天ぷらとサシミにソバやトンカツなどのメインが選べ、さらにライス、スープ、おつまみが付く"Early Bird Dinner Special"$17。夕方5時半〜6時45分しかオーダーできないこのメニューはロコたちに大人気。ときには行列ができるときも！ 日本が恋しくなったときにももってこい。

実は、もうご紹介するのは…と思っていました。だって、せっかく観光でハワイに来ている方々にとっては「なんで日本食？」となると思うんです。しかも、お寿司って、あなた……。日本で食べたほうがおいしいはずですもんね。でも、ごめんなさい、やっぱり我慢できません！ 大好きなんです！ しかも今回の本のテーマにぴったりだし、何と言ってもメニューが新しくなっているんです！ もうこれ以上、僕を幸せにしないで〜と思いつつ、そして身勝手許してください〜！

1991年にオープンしたときはここでしか"いいちこ"が飲めなかったという逸話も。マコトと私の大定番"Nama Chirashi"$36のほか、Early Birdに出遅れたときに好きなメインを2つ選べるCombination Dinnner $23などが今夜の晩餐。

SUSHI KING

スシ・キング

2700 S.King St., Honolulu
☎808-947-2836
11:30-14:00 & 17:30-2:00am (Tue.-22:00)
無休
MAP P156-A-3

上左、ここのデザートはどれも絶品！ 私が大好きなのがリリコイ・カスタードとリリコイ・ジェリー、タピオカが層になったTropical Fruit Creamsicle Brulee$10.50。右、マコトはフレッシュなマグロにウニとイクラが層になったAhi Poke($20)が大好き。これを食べているときはおとなしいのです。手前は看板メニューのMochi Crusted Opakapaka$35。ハワイの高級魚オパカパカはふっくらした身が特徴。これにあられをまとわせてソテーし、ユズ胡椒がきいたポン酢をかけて素麺とともに食べる、という一品。これぞニュー・ハワイアン・スタイル！

MW RESTAURANT

エムダブリュー・レストラン

1538 Kapiolani Blvd., #107 Honolulu /
☎ 808-955-6505 / 10:30-16:00 & 16:00-21:00
(Fri. 10:30-16:00 & 16:00-22:00, Sat. 16:00-22:00,
Sun. 16:00-21:00) / 無休
MAP P154-C-3

[アラン・ウォン]出身のご夫婦が繰り広げるハワイアン・リージョナル・キュイジーヌ（略してHRCというんだとか）は、ベースをハワイと謳っているけれど、それを大きく飛び越えた自由な発想のもの。アヒ（マグロ）にイクラを重ねて層にしたアヒ・ポケや、白身魚にあられをまとわせ、素麺を敷いた一品も。そこかしこにローカル・ジャパニーズならではのテイストを加えた、新感覚のハワイアン・フードは、見た目びっくり、味はしっくり、なのです。

意外にこういうお洒落な感じで、だけどファミリーで料理を楽しめるところってハワイになかったような気がするんです。お料理もファンシーでおいしくて、だけど手頃な値段で楽しめちゃう。ローカルの方々はきっとこんなレストランを待ち望んでいたのではないでしょうか？ オープンして3年近く経った今でも連日混んでいますし。中途半端なローカルの僕でさえ、この店がオープンしてから何回も通って、何回もハッピーにさせてもらっているぐらいですから！

左、ハワイ島のグラス・フェドのビーフを使った
Hawaiian Rib Eye $35.95。ハッピーアワー時は、
なんとおつまみがすべて半額!

ラニカイ店のオープンは1962年。なんと今から54年前のこと。サラダバー
を始めたのはバズズが最初だったなんて話も……。

BUZZ'S ORIGINAL STEAKHOUSE PEARL CITY

海を眺めながらシーフードやステーキをカジュアルに楽しめることで有名になった、ハワイのローカル・ステーキハウス。ここパールシティ店は、界隈では高級なレストランとして特別なときに訪れるところ。私も幼い頃、家族のお祝いごとというとここに来ることが多かったなぁ。おすすめは、夕方4時から7時まで（土・日5時〜）のハッピーアワー。ステーキを4人でシェアすれば、デザートのアイスクリーム・ケーキでジャスト満腹に。

パールシティの小さい丘にあるんです。昔からずーっとあるんです。ロコに愛され続けているステーキ屋さんなんです。リーズナブルなお値段なのにおいしくて、ボリューミーなんです。店内に入った途端にハワイアンな雰囲気に圧倒されまくるんです。昔ながらのサラダバーもあるんです。僕自身も大大大好きなレストランなんです。ハワイに来たときには絶対行ってみてください。ラニカイ店とはまた違った素敵なオールド＆ローカルハワイを体験できるはずですから！

バズズ・オリジナル・ステーキハウス・パールシティ
98-751 Kuahao Place, Pearl City
☎808-487-6465
17:00-21:00
無休
MAP P159-D-1

AZURE RESTAURANT

上、脂がのった濃厚なハマチとビッグアイランドサラダ。醤油、ビネグレット・ドレッシングにわさびを添えて。コナのロブスター入りのRoasted Butternut Soup。このほか肉とシーフードが付く。右、デザートはPumpkin Panna Cotta。ペアリング・ワイン付きコースも（$111）。

契約しているローカル・ファームを中心に、ファームテーブルのコラボをするなど、ローカル・フードに力を注ぐロイヤル・ハワイアン・ホテルのメイン・ダイニング。ここでは、選び抜かれたローカル素材を中心に構成された美しくておいしい、4プレート＋デザートの Azure Tasting Menu（$85）を奮発するのがおすすめ。ビーチ沿いにきらめくホテルの明かりとその向こうにそびえ立つダイヤモンドヘッドを眺めながら、ハワイの海の幸に舌鼓み。あ～、なんて幸せなひとときなんでしょ。

アズーア・レストラン
The Royal Hawaiian, a Luxury Collection Resort
2259 Kalakaua Ave., Honolulu
☎808-923-7311
17:30-21:00
無休
MAP P156-C-3

ドレスコードは厳しくないけれど、ぜひ、おしゃれして出かけて！

BEACH HOUSE AT THE MOANA

ビーチ・ハウス・アット・ザ・モアナ
Moana Surfrider, A Westin Resort & Spa
2365 Kalakaua Ave., Honolulu
☎808-921-4600（Reservation / 8:30-19:00, Sun. -17:30）
17:30-21:30 / 無休
MAP P157-C-4

1901年3月11日に開業したモアナサーフライダーは、ワイキキで最初に建てられたホテル。古きよきハワイの面影を残すリゾートホテルとして"ワイキキのファースト・レディ"の呼び名で今なお親しまれています。このレストランのクラシックな雰囲気は、数々の受賞歴を誇るシェフの料理にぴったり。できる限り地元農家直送の新鮮な食材を使ったユニークなアイランド料理を、ハワイの歴史を感じつつ味わえます。ディナータイム以外は［ザ・ベランダ］（P25）として営業。

白ワインに合わせたのは、New Zealand King Salmon BBQ $37とLocal Beet&Heirloom Tomato Salad $15。どちらも繊細でやさしい味わい～！

BALI STEAK & SEAFOOD

バリ・ステーキ＆シーフード

Hilton Hawaiian Village Waikiki Beach Resort, 2005 Kailua Rd., Honolulu / ☎808-949-4321 / 17:00-21:00 / Closed on Sun.& Mon. MAP P156-D-2

ダイヤモンドヘッドのベストビューレストランとして君臨し続ける［バリ・ステーキ＆シーフード］。金曜の夜なら、食事しながら最高の夕日と花火ショーが同時に楽しめます。地産地消にこだわり、ハーブも敷地内のガーデンでシェフ自ら育てたものを毎日摘んでくるのだそう。"料理の決め手は塩"と言うけれど、こちらのシェフは少量作るのに2、3日かかる"キアベソルト"というオリジナルの塩まで開発。手間ひまかかった仕事によって、最高のUSDAプライムビーフやシーフードが味わえるのです。

ハワイ島の2,000フィートの深海から採取したミネラルたっぷりの塩と合わせていただくステーキ、Delmonico $68。肉の甘みと旨みを引き出す塩の役目がすごい！

上、イタリアンパセリ、オレガノ、玉ねぎなどのみじん切りがタコにふんだんにのせられたワインに合うFresh Octopus Salad $17。左、パスタのアルデンテ具合もさすがなプッタネスカ$40(2人分)。

IL BUCO

イル・ブコ

Waikiki Sand Villa Hotel, 2375 Ala Wai Blvd., Honolulu / ☎808-921-3210 / 18:00-AM2:00 無休 / MAP P157-C-4

ホテルプールの横にある、ワイキキの隠れ家のような、ロコたちお気に入りのワインバー。広さもメニューもこぢんまりだけど、ワインのセレクションは豊富でグラス$8〜14とお手頃だから、料理ごとにペアリングできるのがうれしい。イタリアンを意識した地中海料理が中心のメニューは、すべてオーダーが入ってから調理され、1品$14〜29ほどと意外にリーズナブル。私のお気に入りは、パスタやタコを使ったメニュー。ロマンティックな雰囲気なのでデートにもぴったりよ！

右上、Bagels With Cashew Kreme, Capers, Red Onion $8.50、左上、ベイビーロメインレタス、海苔、サンフラワーシードブレッドのクルトンなどがのった Ceasar Salad $12.50。この見た目でローフードだなんて信じられないし、満足感があるのがここの料理のすごいところ。

オーナーのシルヴィアさんはリアルフードへの興味からローフードの道へ。ローフードであっても調理の仕方によっておいしくできることに感動。事前注文制のメニューと少量のテイクアウト販売を小さなキッチンからスタート、その後ファーマーズマーケットに出店し、レストランを開店することに。ローフードに興味を持つ人たちをはじめ、ヘルシー志向の人たちにも大人気。ワインに合うよう考えられたメニュー構成もうれしい限り。たとえ食べ過ぎても、罪悪感とは無縁なヘルシーレストランなのです。

ヴィーガン料理に対しての僕の固定概念を覆されたお店といっても過言ではありません。正直、ヴィーガン料理って高い割には味気ないイメージってありません？ でも最近はスパイスも料理方法も進化しているので、全然そんなことないんです！ いっぱい食べても胃が全然もたれないし、何より罪悪感なんか「一昨日きやがれ〜」って感じなんです。ヘルシーな人が多いハワイの友人たちに「僕も最近ヘルシー志向だから…」なんて気取っちゃったりして。ほんとここには助けてもらってます。マハロ。

GREENS & VINES

グリーンズ＆ヴァインズ

909 Kapiolani Blvd., Honolulu / ☎808-536-9680
11:00-14:00 & 17:00-21:00 / Closed on Sun. / MAP P154-B-2

右、Tea Leaf Salad＄10.99。トマトのジューシーさとハラペーニョの辛みがおいしさをアップ。シナモンやカルダモンなどで香りづけした細長いインディカ米Burmese-Indianrice（＄5.99）と混ぜ混ぜしながら食べると、激ウマ。翌日のお通じもよし、ですよ。細めのうどんのような麺に香菜とオニオンスライスを混ぜ、ココナッツミルク入りのソースと合わせた一品は、甘めなので、テーブル上の香辛料を加えてどうぞ。

DAGON

ダゴン
Unit A Honolulu
2671 S. King St., Honolulu
☎808-947-0088
17:00-22:00
Closed on Tue.
MAP P156-A-3

サンフランシスコで修業したミャンマー人オーナーによる、ホノルル初のミャンマー料理レストラン。一番人気のティーリーフ・サラダは、発酵茶葉、干しエビ、レンズ豆、ピーナッツ、ゴマ、揚げニンニクと角切りトマトなどカラフルな具材をよく混ぜてレモンを搾って食べるのがおいしい。ベジタリアンでも満足のいくメニューが多いのもいいのです。ハワイのエスニック文化に新たな味が加わったことに感謝！

ミャンマー料理ってどんなの？　と思っていたのも束の間、あちこちから「ティーリーフのサラダ、おいしいよ〜」の声。それでハイディと、どれどれと出かけてみて以来、すっかりハマってしまいました。ベジタブルオイルとニンニクとともに9日間発酵させた緑茶に、ピーナッツ、ローストニンニク、ハラペーニョなどを混ぜ、レモンをキューッと搾って食べる、噂のティーリーフ・サラダ。発酵したティーリーフは塩っけがあって、高菜のようなおいしさ。インドとタイに挟まれたミャンマーはそれぞれの影響を受けた料理が多く、野菜をふんだんに使うことでも知られているんだそう。このサラダに、シナモンで香りづけされたインディアンライスを合わせて食べるのが、私たちのお気に入り。

CAFE TAJ MAHAL

カフェ・タージ・マハル

3036 Waialae Ave., #B4, Honolulu
☎808-732-6496
11:00～14:00 & 17:00～22:00
Closed on Tue.(Lunch)&不定休
MAP P155-C-4

右上、外はカリッと香ばしく、中はふんわりのナンが焼けるタンドール窯。左上、笑顔が素敵なオーナー・シェフ。

夫婦で切り盛りするインド料理レストラン。本場の味を再現するため、99%インドから仕入れたチリパウダー、コリアンダーなど最高級のスパイスを100種類以上使用。またタンドール窯で焼くことで香ばしい炭の香りとクリスピーな食感を実現、しかも脂まで落ちるおまけ付き。ベジタリアンもそうでない人もみんなが楽しめるメニューがあるうえ、カレーやサイドメニューもロコ好みに合わせてあるので、ハワイで一番おいしいインド料理という評判も。カラフルでエネルギッシュなボリウッドダンスやドラマを見ながら味わえば、インドにいるような気分に浸れるはず。駐車は路上。シティー・ミルに駐車も可（有料）。

チキン、ラムなどのケバブの盛り合わせAssorted Kebabs $23、マイルドなヨーグルト入り羊肉のカレーKorma $17.50など。いろいろオーダーしてシェアするのがおすすめ。

上、まずは、フレッシュ・オイスター、カフク・ガーリックシュリンプ、カルビなどの盛り合わせTapas Platter $15（右）とプロシュートとサラミの盛り合わせ $16（左）から。

WOOD & BUCKET TAPAS BAR & GRILL

ウッド＆バケット・タパス・バー＆グリル

Waikiki Sand Villa Hotel,
2375 Ala Wai Blvd., Honolulu
☎ 808-921-3212
Breakfast 6:30-10:00 / Restaurant 11:00-3:00am
Bar 9:00-3:30am / 無休
MAP P157-C-4

ワイキキ・サンドビラ・ホテルは、80年代にハワイの人気コメディアン、フランク・デリマの有名なショーがおこなわれていたロコのたまり場。今はその場所に［ウッド＆バケット］というレストランがあり、朝は良心的なモーニング・ブッフェ（$13.95）を楽しむホテル客、昼は大型スクリーンでスポーツ観戦するファン、夜はホテル客や深夜には仕事帰りのロコも集まる人気スポット。手頃でおいしいおつまみが味わえるうえ、深夜3時過ぎまで営業というワイキキでは貴重な場所。オープンエアのフレンドリーな雰囲気でロコと旅行者が触れ合えるのも魅力です。食事の前後には1日の疲れを癒やすのに最高な、すぐ横に併設された足湯も楽しんで。

アラワイ・ブルーバード沿いのこぢんまりとしたホテル、ワイキキ・サンドビラ内にあるレストランが数年前にリニューアルし、安くておいしいとロコの友人たちに評判だと、ハイディ。ならばとパトロールに出かけたその日からすっかりファンになってしまいました。鉄板の上でジュージューと音を立てて運ばれてくるニューヨークステーキや生牡蠣、ロブスター入りのマカロニチーズなど大好物メニューがいっぱい。しかも安い！ ローカルはみんなちゃーんと知ってて、1日2回のハッピーアワー（16:00~19:00 & 23:00~1:00）なんて、めちゃ混み。風が抜けるオープンエアな雰囲気も心地いいこちら、なんと深夜3時過ぎまでやってますから、食べはぐれちゃったなんてときにもおすすめですよ。

カウンターから席が埋まっていくっていうのがローカルちっくでいいよなぁ。しかもおじいちゃんもおばあちゃんも帽子をかぶっていたり、カラフルな色のアロハだったりして、ほんとおしゃれ！

上、お次はNew York Steak。283gのカットステーキにマッシュルームと玉ねぎのソテー添えでなんと＄21。右、〆は4種のチーズにロブスターとトリュフオイルを加えた濃厚なLobster Macaroni Cheese＄15で決まり！！

TUCKER & BEVVY PICNIC FOOD

🙋 店名はオーストラリアの俗語で"フード&ドリンク"という意味。オーナーがシドニー郊外で17年間レストランを経営した経験から"新鮮、シンプル、ヘルシーフード"というコンセプトに至ったそう。携帯用の朝食やランチ、ホットサンドイッチなどが充実。カップ入り野菜とフムスソースは子どもにも食べやすいのでよく買うんです。

搾りたてジュースやスムージーは乾燥しがちなビーチバカンスの強い味方。オリジナルクーラーバッグに買ったものを入れてビーチでピクニックもいいし、気軽なおみやげにも。

タッカー&ベヴィ・ピクニック・フード
Park Shore Hotel,
2586 Kalakaua Ave., Honolulu
☎808-922-0099
6:00-19:30
無休
MAP P157-C-5

"Taste" Grocery &

🙋 ワイキキビーチで過ごした後やダイヤモンドヘッドへのハイキング、カピオラニ公園をジョギングした後などに立ち寄るのに便利なお店。ご近所のKCC料理学校を卒業したシェフも多く、ロコや観光客でいつもにぎわっている。シンプルなプレートランチ、気軽なデリ、そして天にも昇るおいしさのデザートが、また来たくなる理由。クリームチーズたっぷりのブルーベリースコーンは見逃せないし、夏ならマンゴースコーンにも出会えるかも。パパイヤカレーサラダは、私の小腹がすいたときの定番。

上、プレートランチは、お友達とシェアしていろいろ味わってみて。左、パーティーに欠かせない"レイヤード・ジェロ(ゼリーを重ねたデザート)"。

DIAMOND HEAD MARKET & GRILL

ダイヤモンド・ヘッド・マーケット&グリル

3158 Monsarrat Ave., Honolulu
☎808-732-0077 / Takeout 6:30-21:00
Breakfast 7:00-10:30(Sat.& Sun. -11:00)
Lunch & Dinner 11:00-21:00
無休 / MAP P157-C-6

DOWN TO EARTH

ダウン・トゥ・アース
2525 S. King St., Honolulu
☎808-947-7678
7:30-22:00(Deli -21:00)
無休
MAP P156-A-2

1977年オープンのハワイ諸島のみで展開している元祖ナチュラルスーパーマーケット。ここで毎日手作りされるデリは、私たち家族が頼りにしているもの。我が家の息子たちは、ここのTaro Burgerやビーガンドーナツが大好物。

[ダウン・トゥ・アース]のデリは最近、私と主人が手早くおいしいランチをするときのデートスポット。急いでいるときに家族の食事を調達することも多い。温かいメインディッシュ、サラダ、ピザやドーナツまでベジタリアン向けのデリも完璧。おいしくてヘルシーなベジタリアンフードとは何か、家族に実感してもらうのにちょうどいい場所。

Take Out

FUKUYA

フクヤ
2710 S. King St., Honolulu
☎808-946-2073
6:00-14:00
Closed on Mon.& Tue.
MAP P156-A-3

ハワイで〝おかず屋〟といえばココ。おかず屋とは日本式デリのテイクアウトショップで、それぞれのお店に独自の味つけや名物があるのが特徴。ここは2〜3世代にわたって通うお客さんがいる人気店。すべてアラカルトで、好きなものを好きなだけ選べるのがいいんです。

定番人気は、コーン寿司（いなり寿司）、きんぴらごぼう、サツマイモのてんぷら、なます。カリッと揚げたお魚は、フクヤのスペシャルメニューのひとつ。お値段は＄1.10〜。

👩 コンドミニアムにステイしているときはほぼ自炊なので、ファーマーズ・マーケットに出かけること多し。最近よく行くのが以下の2つとカカアコのマーケット。野菜が中心なのでおみやげを探すにはやや不向きですが、どこも新鮮なローカル野菜がわんさかで楽しいんです！　あぁ、ハワイにマイ・キッチンがあったらなぁ。

👩 島のいろんなエリアを覗き見している気分に浸れるファーマーズ・マーケット。[パールリッジ…]は朝型の人向け。一風変わったおいしいポケ丼や、街の市場では手に入らない山菜も並びます。朝が苦手なら夕方からの[ホノルル…]へ。デリやベントーが多いので、ディナーを調達してヤシの木陰や芝生の上で食べるのも。

"Taste" farmers' Market

HONOLULU FARMERS' MARKET

PEARLRIDGE FARMERS' MARKET

ホノルル・ファーマーズ・マーケット

Neals Blaisdell Center (Ward Ave. & King St.)
777 Ward Ave., Honolulu
Wed. 16:00-19:00 / MAP P154-B-2

パールリッジ・ファーマーズ・マーケット

Pearlridge Center/ Downtown (Kamehameha Hwy. & Pali Momi St.)
98-1005 Moanalua Rd., Aiea ☎808-388-9696
Sat. 8:00-12:00 / MAP P159-D-2

味わいがややリンゴのような酸味ありのアップルバナナ。小ぶりなサイズ感もかわゆし。バターでソテーして、はちみつをかけたものをパンケーキにのせて食べるのが好き。

ハワイ島コナのアボカドとマウイのマンゴー。それに右は、なんとビワ。まさかハワイでビワに出合えるとは。ハワイではどうやって食べるのがポピュラーなんですかね〜？？？

ぐるりとまわって疲れたらナチュラル・ココナッツ・ジュースで休憩。ひんやり感がとってもおいしいんですよ。

ちょっと味見させてもらったらおいしくてビックリだったパールリッジ・ファーマーズ・マーケットに出ていたポケ屋さん。その場でポケボウルも作ってくれます。私はワサビ・アイオリ・フリカケの"Wasabi Furi"とマカダミアナッツ入りの"Hawaiian"が好み。各1/2パウンド$8。

いろいろなファーマーズマーケットで見かけるパン屋さんは、パールリッジでも！朝ごはんを食べ忘れたら、ここでひとつハム＆チーズでも買ってムシャムシャいただきます。ジャムやフルーツバターも種類豊富！

パールリッジ・ファーマーズ・マーケットに行くとハイディが必ず買う、ポイ。その場で手作りされているフレッシュなポイは、芋のおいしさとねっとりとした食感がおいしい！

45

"Taste" Natural Super

化学薬品ができるだけ入っていない商品を選ぶようにしています。ヘナの髪染めは白髪の悩みのいちばんシンプルな解決法。手づくりの石鹸はなめらかな泡立ちでフレッシュなバスタイムを演出。ボディウェルネス製品は、過労やストレスから自身のカラダを守るのにとっても大切。"Wool Flannel"や"Castor Oil"は、デトックスプログラムの一部（ハイディ）。

オーガニックのジャンバラヤ、タコス、ワカモレの元などのスパイスミックス（$1.99〜）、大好きなnoosaのヨーグルトは、パイナップル味（$3.39）のものを、Hawaiian Natural Teaのお茶は、Poha Berry（$6.99）をセレクト。買い物帰りにいつも飲む、オレンジとストロベリーのミックスジュースLava Juice（$4.99）も忘れずに。ハイディは、ナッツの量り売りをいっぱい購入（アカザワ）。

カラフルな色合いを合わせたフレッシュジュースの並びや、かわいいパッケージを眺めているだけでも飽きないホール・フーズの店内。

自身や家族の健康のために消費者が食事に気を使うようになった昨今、ナチュラル・スーパーマーケットの人気も上昇中！ 新鮮でオーガニックなものを使うことは、おいしさの面でも健康面でもメリット大。［ホール・フーズ］はどの分野のセレクションも充実しているので、私はちょっといいお肉やオーガニックワイン、チーズを買うのはココと決めています。1977年創業の老舗［ダウン・トゥ・アース］には、ナチュラル製品、オーガニック＆ローカル食材、量り売り食材、ナチュラルサプリメント、ボディケアグッズ、家庭用品などがぎっしり。地域への貢献度も高く、健康に関するワークショップや料理教室などを、無料または低料金で開催しているのも魅力。オアフに4店舗あり。

ホール・フーズ・マーケット
4211 Waialae Ave., Honolulu
☎808-738-0820
7:00-22:00(Sat.& Sun. 8:30-14:00)
無休
MAP P155-C-5

Market

エコ包装のシリアルミックスはお買い得のスナック。プロポリスは風邪気味の時の私の必須アイテム。"マノアチョコレート"のフレッシュなカカオニブはスムージーのお気に入りトッピング。"Jastin's"のダークチョコレートピーナッツバターカップは自分へのご褒美に。そのほか、ハワイ・メイドの石鹸、ニームの歯磨き粉、量り売りのハーブやスパイスなど（ハイディ）。

Dr.Bronner'sの歯磨き粉、BEE COMPANYのComb入りはちみつ、ハワイ島のマカダミアナッツ、いつも使うHawaiian Bath&Bodyのリップクリーム、カウアイ島のAnahola Granolaはオリジナル味を、肩こりのところに塗るとスーッとして気持ちいい、オーガニックのアロエやエッセンシャルオイル入りのメントールジェルなど（アカザワ）。

すっかり定着した感のあるコンブ茶いろいろ。ハイディのおすすめは黒いラベルのBig Island Boochのもの。

DOWN TO EARTH

ダウン・トゥ・アース

2525 S.King St., Honolulu
☎808-947-7678
7:30–22:00
無休
MAP P156-A-2

ハワイに到着してからの日々の必需品、帰ってからの日用品、おみやげなど、とにかく時間があると何度でも足を運んでしまう2軒のナチュラルスーパー。どちらにも自家製デリがあり、それを朝ごはんやランチにしたりするときも。アメリカ生まれの［ホール・フーズ］のほうは肉や魚を使ったものもありつつのナチュラル志向だけれど、ハワイ生まれの［ダウン・トゥ・アース］のデリは、どちらかというとベジタリアン向け。デリにもスイーツにも材料が記されているので、それを見ていると料理を作るときにインスパイアされていい、とハイディ。どちらもいつ行っても買いたいものがいろいろあるし、何より自分のカラダのことを気にかけてあげようって気分になるのがいいんですよね。

　ローカル・ジャパニーズ4世のハイディは、日本の料理に興味津々。いつも私に「この素材は日本ではどうやってクッキングするの？」と聞くので、ハイディの家に泊まると、私がごはんを担当することもしばしば。今日は、私が泊まっているコンドミニアムのキッチンで、ファーマーズ・マーケットやスーパーで買い込んだ食材を使って2人でランチを作ることに。素材を選ぶときには、それぞれの栄養素も大事だけれど、なるべくたくさんの色を使うこと（レインボーカラー）やスーパーフードと呼ばれるものを取り入れることも大事、とハイディ。ハイディがセレクトした素材で、ハワイ×日本テイストをミックスしたEasy Lunchを作ってみました。

　なんで？なんで？　どうして僕はここにいないの？　ハイディとアカザワさんの楽しそうな顔と、あまりにもおいしそうな料理たちに出会えなかったのは、本当に悔しいです！　きっと、料理に関してたくさん学べることもあっただろうな〜。2つの違ったスタイルの料理がひとつになることでハッピーをもたらす瞬間は、かけがえのないことだと思うんですよね〜！　こういう機会、もっとたくさんあってもいいかもと、とっても残念な気持ち。また、やって〜！

HEIDI's Recipe

ココナッツミルク コーンビーフ

①紫芋4、5個をやわらかくなるまでゆで、1cm角に切って器に盛る。②マウイオニオン1個を薄切りにし、カラメル状になるまで炒め、コーンビーフ1缶を加えて炒める。ココナッツミルク1/2缶を加え、3〜5分ほど弱火で煮る。③紫芋の上に、②をのせる。

Ho'io（蕨）サラダ

①蕨1束は熱湯で1〜2分ゆで、ザルに上げて水気をきる。②器に刻んだ乾燥エビ約1/3カップを入れ、醤油、フィッシュソース、酢、はちみつを約大さじ2杯ずつ加えて混ぜる。③②に①と半分に切ったミニトマト1パック分、薄切りにしたマウイオニオン1/2個を加えて、器に盛り付ける。

クレソン豆腐

①フライパンに油をひき、薄切りニンニク2片分と刻んだ乾燥エビ約1/3カップを茶色になるまで、中火で炒める。②サイコロ状に切った豆腐1/2丁を①に加え、2〜3分炒める。③ざく切りにしたクレソン1束と醤油を加え、フタをして弱火で3分炒める。味見をしながら、醤油とこしょうで味をととのえる。

12 チャクラ Rainbowスムージー

①チャーガティーとココナッツウォーターをベースに、ゴジベリー、ブルーベリー、イチゴ、オレンジ、レモン、ビーポーレン、ポイ、アボカド、ココナッツオイル、ケール、ビーツの葉、生姜、スピルリナ、活性炭シーソルト、カカオニブスなどを味を見ながら、少量ずつ混ぜる。濃度が濃い場合は、アルカリ水で薄める。

KAORI's Recipe

ミニトマトと香菜のサラダ

①香菜はザク切り、ミニトマトはヘタを取って半分に切る。②ボウルに①を入れ、オリーブオイルをたっぷりまわしかけ、よく和える。塩とアップルビネガーを順に適量ずつ加え、そのつど混ぜ合わせる。味を見て、足りなければ塩で調味し、レモンを搾る。

ビーツとにんじんの温サラダ

①ビーツとにんじんは皮をむき、一口大に切る。マカダミアナッツは小さめに刻む。②厚手の鍋に①を入れ、オリーブオイルをふたまわし、塩ひとつまみを加え、ふたをして火にかける。やわらかくなったらマカダミアナッツを加えて和える。

Hawaiian Ono 手巻き寿司

①米1合にキヌア小さじ1を加え、ともに洗ってからいつも通りの水加減で炊く。②レタスやクレソンは洗って食べやすい大きさにちぎる。カルアポーク（市販）は温める。レモンは小さめに切る。③レタスにご飯とポケ（市販）などをのせ、レモンを搾って食べる。

Kula Strawberryとチーズのパフェ

①イチゴはヘタを取って半分に切る。②ボウルに①を入れ、はちみつ適量を加えてマリネし、15分ほどおく。③器にマスカルポーネチーズまたは水きりしたヨーグルト、アイスクリームなどと②を交互に入れる。好みでこしょうをふってミントを飾る。

教えて!
Sean Morris
ショーン モリス

今流行りのおいしいレストランを知りたいときはまず、食に対する知識と造詣が深い親友のショーンに聞いてみます。ショーンは、ハワイの数多くのフード・マガジンやテレビ番組で活躍する食のスペシャリスト。今回の本のために、彼の数あるグルメリストの中から、お気に入りの2軒に案内してもらいました。

Sean Morris
PR会社の代表をつとめる一方、ハワイの生活情報誌『ライトハウス』のフードコラム連載、ハワイ観光局や『ヴォーグ・ジャパン』サイトでのブログ連載、ハワイの最新情報サイト『Hawaiing』のナビゲーター、エフエム愛知の番組へのレポーター出演など、多方面で活躍中。

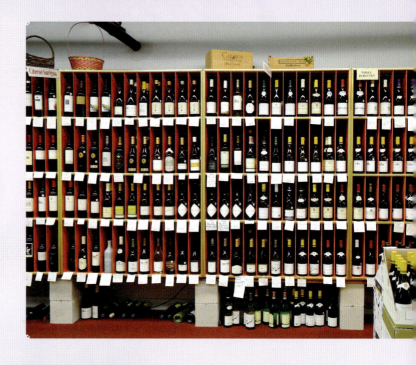

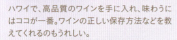
ハワイで、高品質のワインを手に入れ、味わうにはココが一番。ワインの正しい保存方法などを教えてくれるのもうれしい。

ショーンがまず最初に案内してくれたのは[ヴィンテージ・ワイン・セラー]。今回何年かぶりに訪れてあらためて驚いたのは、ワインの種類はもちろんだけど、多数の顧客のパーソナル・コレクションのために特別に温度調節されている個室の存在。

この部屋に集められた世界中のワインを眺めながら歩いていると、抗酸化作用があり、ビタミンやミネラルも豊富なスーパーフードであるブドウが発酵して、これらの素晴らしいワインになるんだなあとしみじみ。今日、私が味わっているワインは、ブドウの品種の複雑な味わいと組み合わせでワインになるまでのダイナミックな歴史が込められていることに気づく。この素晴らしき妙薬のありがたみをあらためて教えてくれたショーンに感謝!

VINTAGE WINE CELLAR
ヴィンテージ・ワイン・セラー
1249 Wilder Ave.,B1 Honolulu
☎808-523-9463
10:00～19:00
無休
MAP P154-B-3

デザートは各$10.50。上段左上から、今月のスペシャル"アフォガード"。本物のトリュフが中に入ったキャラメルはちょっとみたらし団子の味!?黒ゴマアイス添え"MW Candy Bar"。下段左から、リリコイフローズンスフレが浮いた"Floating Island"は、餅入りのメレンゲの中に抹茶ムースと黒ゴマアイスが入ったもの。ショーンさんイチオシの"Strawberry Shave Ice"など。

次の目的地は［MWレストラン］。ここの料理はすべてが驚きに満ちているんです。レストランには食事に行くのが一般的だけど、ショーンは「デザートを食べに行くんだよ」と言うからさらに興味津々。この日はなんと6種類ものデザートをオーダー！　全部食べてしまう気がして怖いから、普段は甘いものはなるべく避けている私……。ヘルシーなものを好んで食べるのは、食べすぎても罪の意識がないから。だけど、パティシエのミッシェルさんが作るこちらのデザートは、ひと口ごとに昇天もののおいしさで、アーとかウーとかしか言葉にならないくらいの絶品揃い。思わず映画『恋人たちの予感』のワンシーンを思い出しました。間違いなく五つ星の楽しい経験です！

地元で有名な料理評論家ですよ、ショーンさんは！そして、自他共に認めるワイン愛好家。そんな彼から、ローカル・ハワイの目線で料理やワインを楽しめるなんて、素晴らしいことだと思うんです。またまた、しくじりました。僕もいろんなことをショーンさんから聞きたかったな〜。

MW RESTAURANT

エムダブリュー・レストラン
→DATA P33

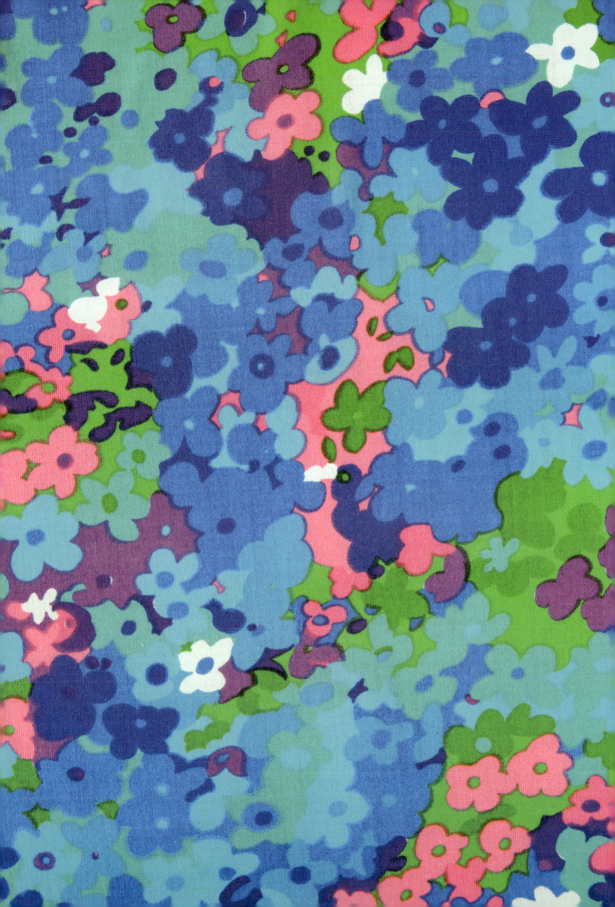

LOCAL HAWAII
HEAR & SEE

We learn much through sound and vision. Music involves our whole brain and is intrinsic to all cultures and has many benefits for learning, memory, attention and physical coordination and development. Music is medicine for the body and soul. Open your heart and mind to the music of nature... take note of the sounds of the wind, waves, leaves on the trees and songs of the birds. Listen to the words of nature!

ローカルハワイ
聴く、見る

私たちは、さまざまな音と目で見るものから、
いろいろなことを学び、吸収していきます。
音楽は、全脳を使う、全世界共通の本能的なもので、学んだり、記憶したり、
気を配ったり、カラダのコーディネーションや発達にも役立つ。
音楽は、心身の妙薬ともいえるものなのです。
心を開いて、風、波、木の葉の揺れ、鳥のさえずりのような
自然の音に耳を傾けてみよう。
それと同時に、そこに目を向けてみて。
本当のハワイが見えてくるはず。

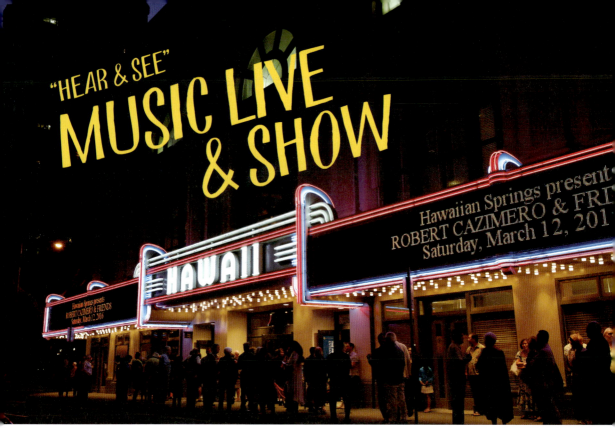

HAWAII THEATRE

ハワイ・シアター

1130 Bethel St., Honolulu
☎808-528-5535
MAP P154-B-2

1922年にオープンしたダウンタウンの歴史的建造物でもある、シアター。84年にいったん閉鎖されるも、96年にリ・オープン。再び、ハワイのカルチャー・シーンを牽引し続けている。街の明かりがポツポツと灯り出す夕暮れ時、電光掲示板に今日の演目や予告が流れるのを見るのが好き（昼間も流れているけれど、よく見えないのです）。それでたまに、「お！次はこれ観に来よう！」となるときも。今晩はクムフラでミュージシャンでもあるロバート・カジメロのショー。会場前はすでに大勢のお客さんでにぎわい中。クラシックなムームーやアロハに身を包み、これでもかとシェルのネックレスを着けた、ロコのおばあちゃんやおじいちゃんのカッコイイこと！　会場の荘厳な雰囲気もまた、いつものゆるいハワイとひと味違っていいのです。この雰囲気に身を沈めに来る、それがココを訪れる一番の理由。

シートに記された紋章も、木の取っ手脇に彫られたコート・オブ・アームも、いつ見てもうっとりする素敵さ。毎週火曜にはこの建物自体を見学するツアーもあるので、ぜひ参加してみて。

上、エルヴィスの後ろで踊るキュートなフラガールたち。右、なんと客席をまわってきたエルビスにキスされる、なんてハプニングも！

ROCK A HULA

ロック・ア・フラ
B-401 2201 Kalakaua Ave., Honolulu / ☎808-629-7469 / 20:15-21:15(Show Time)
Closed on Mon. / MAP P156-C-3 $55(Adult)、$33(Child)

"レジェンド・イン・コンサート・オブ・ラスベガス"がハワイのために特別に作った、本場ラスベガス・スタイルのショー。火山噴火に始まって、スターたちの歴史、ポリネシアンダンス……と最後までワクワクの連続。ショーの後には出演者と写真撮影も。今いちばんホットなショーを見逃すべからず！

エルヴィス・プレスリー、マイケル・ジャクソンなど、ハワイに所縁のあるスターたちをそっくりさんが演じるトリビュート・ショー。なんだけれど、フラ・ショーをミックスさせ、さらにエキサイティングに仕立てちゃうのがハワイのお茶目なところ。次々にかかるヒットソングと演者たちに釘付け＆大笑い。

HONOLULU MUSEUM OF ART
ART AFTER DARK

ホノルル美術館
「アート・アフター・ダーク」

900 S. Beretania St., Honolulu
☎808-532-8700
毎月最終金曜の18:00-21:00
MAP P154-B-2

Art After Darkは$25。メンバーになると毎回フリー。メンバー登録費は$25。毎月300人くらいメンバー増加をたどるほど、人気のイベント。激混みだけれど、誰も無理な押し合いをしたりしないアロハなムードは、さすがハワイ。ちゃんと大人の時間を余裕を持って楽しんでいる感じがいいのです。もちろん普通の日にのんびりアート観賞したり、カフェでお茶するのもよし。私はここのミュージアム・ショップが大好き！

ホノルル美術館で毎月最終金曜に開催される"アート・アフター・ダーク"。18時から21時まで音楽、フード、エンターテインメントを提供、老若男女が集まり、美術館がトレンディでヒップな雰囲気に大変身。人脈づくりにうってつけのイベントで、ハワイのアート＆ソーシャルシーンが垣間見えます。

DJの音楽に合わせ踊る人、話題のレストランのケータリングを楽しむ人、レコードや木のフリマなどの一方で、館内のアートも鑑賞できるという、度肝を抜くイベント。オアフ中の人が集まってるんじゃないかってくらい館内はギューギュー。アロハ・フライデーを満喫しようというロコの気合いはすごいのだ。

まずはハワイアンミュージックの生演奏から。雨の日も、こんなふうにテラスにテーブルが出るので気持ちよさは変わらず。ハワイアンフードを中心にした、ロイヤルハワイアンならではの繊細な料理が並ぶブッフェ。

AHA'AINA

アハ・アイナ

The Royal Hawaiian,
a Luxury Collection Resort
2259 Kakakaua Ave., Honolulu
☎808-921-4600
(セントラル・ダイニング・リザベーション・センター)
Every Mon. 17:30-20:00 (Check In 17:00)
＊ディナー&ショー$179(Adult),
$101(5-12 Years Old),
ホテル宿泊の場合は、$169(Adult),
$93(5-12 Years Old)
MAP P156-C-3

歴史深きロイヤルハワイアンホテルから、往時のワイキキへと誘うルアウショー。タパやポイ作りの技をはじめ、古くから伝わるハワイ文化の営みを見た後は、伝統的なハワイアンフードのすばらしいブッフェ。そしてハイライトは、心に染みるハワイの歴史を歌やダンスで表現するフラショー。ハワイに来たら、ぜひこのワイキキの魔法にかかってほしい。

ワイキキビーチとダイヤモンドヘッドをバックに夕暮れから繰り広げられる、ロイヤルハワイアンのルアウショー。ハワイの伝統料理"ポイ"やレイメイキングのデモンストレーションなど、ショー以外にもお楽しみが満載。ローカル産やオーガニックの素材にもこだわりをみせたフードもぜひ注目を。雨の日のバンケットルームバージョンもまたよし❤

MAI TAI BAR

マイタイ・バー

The Royal Hawaiian,
a Luxury Collection Resort
2259 Kalakaua Ave., Honolulu
☎808-923-7311
10:00-23:30 (Dinner ~23:00)
無休 / MAP P156-C-3

ぜひ飲んでみてほしいのが、高級チョコレートボンボンのような味わいの、マイタイにカカオをプラスしたカクテルChoco Tai $15。それとイチゴとライムにジンジャービールのすっきりカクテルFarmers Market Mule $14。Okolemaluna itchカクテルに孫の手がマドラーとして復活していて、喜！

ワイキキにステイしているなら必ず毎晩どこかでライブやフラショーをしているので観に行ってみて。ワイキキビーチに面した気持ちのいい［マイタイ・バー］でもほぼ毎日ライブとフラショーが。私は特に"Delima Ohana"というハワイアン・バンドの日を楽しみに出かけるようにしています（だいたい木曜ですが、スケジュールをチェックしてね）。ワイキキで、カクテル片手にハワイアン・ミュージックって、王道だけれどやっぱり好きだなぁ。

毎週金曜の夜は、Live Music&BBQ。Mahi Mahi（シイラ）やAhi（マグロ）などは各$20。Pork Chop $18、Rib Eye $20、Steak $23。すべてサラダ、ライス付き。花火もちょうどいい眺め。

BAREFOOT BEACH CAFÉ

ベアフット・ビーチ・カフェ
2699 Kalakaua Ave., Honolulu ☎808-924-2233
7:00–21:00（Last Order 20:30） / 無休 / MAP P157-D-5

カマアイナ（ロコ）と観光客が一緒になって楽しめる、ワイキキでは貴重な存在のお店。特に金曜の夜は、バーベキューと花火ショーを目当てに大勢の人々でにぎわいます。定番人気はハワイ産の新鮮な魚のプレート。それを炭火で焼いて、星空の下、海を眺めつつ味わえば、気分は最高！ バンドの生演奏に合わせて即興のフラダンスが始まったり、パラダイスな夜が味わえるはず。ワイキキの魅力を再発見できるココは、ゲストが来たときにも重宝しています。

TAPA BAR

タパ・バー
Hilton Hawaiian Village Waikiki Beach Resort 2005
Kalia Rd., Honolulu ☎808-949-4321
10:00–24:00 / 無休 / MAP P156-D-2

諸説ありますが、伝説のカクテル"Blue Hawaii"が誕生したとされるヒルトン内の老舗バー。ビレッジ内の真ん中辺りに位置する吹き抜けの気持ちいいココは、意外とライブの穴場。私が好きなのは、金曜の花火の後にも観られる、ハワイアン・ミュージックのレジェンド"Olomana"（22:45まで演奏中。土曜は20:00～23:00）。ビレッジ内のピッツェリア［ラウンド・テーブル］から焼きたてピザのオーダーも可。

上、しっかり舞台になっているので後ろのほうでもバッチリ、聴こえます！ 左、フワフワ生地に具だくさんのピザは、Sサイズで$15～。カクテルはお持ち帰りOKのキュートなパームツリー型マドラー付きです。

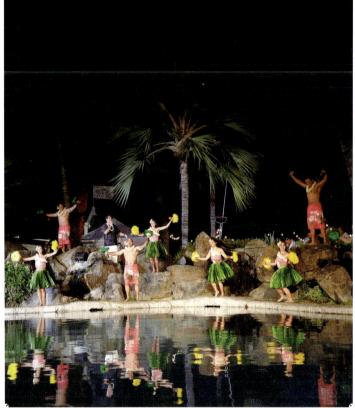

ヒルトン前のビーチは、サーフィンのレジェンド、デューク・カハナモクの生家があったことでも知られる。そんな由緒正しき場所で観る、フラショー。花火のパワーもあってか、最後はなんだかジーンとしちゃうんです、いつも。

ROCKIN' HAWAIIAN RAINBOW REVUE

最後に観たのはかなり前だけど、こんな人気ショーになっていたとは！ 野外のステージで気持ちいい風に吹かれながら観ていると、古き良きワイキキに思いを馳せ、不思議と涙があふれてくる。クライマックスには、サンセットのタイミングに合わせて花火が上がり、美しい夜の幕が開く。五つ星のショー！

毎週金曜にヒルトンで打ち上げられる花火は、実はこのショーのエンディングなんですよ、知ってました!? プールサイドのノスタルジックでザ・ハワイなフラショーを観た締めくくりにドーン。これですよ!! これが一度味わったらクセになる楽しさ。ぜひ、味わってほしいです。$30(Adult)1ドリンク付き。

ロッキン・ハワイアン・レインボー・レビュー
Hilton Hawaiian Village Waikiki Beach Resort
2005 Kalia Rd., Honolulu / ☎808-949-4321
Every Fri. 19:00-19:45 (Fireworks Display 19:45-、夏の間は20:00-)
Alii Tower内ツアーデスクにて8:00-21:00(Sat.-Thu.)、8:00-14:00(Fri.)受付
Fri.のみ18:00-開演時間にスーパープール入口にて受付
MAP P156-D-2

BLUE NOTE HAWAII

ブルー・ノート・ハワイ

Outrigger Waikiki Beach Resort
2335 Kalakaua Ave., Honolulu / ☎808-777-4890
無休 / MAP P156-C-3

2016年1月、ニューヨークのジャズクラブ[Blue Note]がアウトリガー・ワイキキ・ビーチ・リゾート内にオープン。ハワイアン・ミュージックはもちろん、ジャズやレゲエ、ポップスなども楽しめるとあって、オープニングの日は、おしゃれしたローカルたちでロビーはごった返していました。旅の間に好きなライブがワイキキで気軽に聴けるっていうのがうれしい限り。旅の日程が決まったらスケジュールをチェックして、早めにチケット入手を。

SKY WAIKIKI

スカイワイキキ

2270 Kalakaua Ave., Honolulu / ☎808-979-7590
17:00-24:00 (Fri.&Sat.-2:00am) / 無休 / MAP P156-C-3

ローカルミュージシャンによるライブは毎日18:00〜。料理はどれもおいしいけれど、肉汁たっぷりのパテとふわふわバンズのパーフェクト・チーズバーガー$15やボリュームたっぷりのシズリング・サーフ＆ターフ$39がお気に入り。おしゃれして集合のはずが、相変わらずな格好の私たち。ロイヤルハワイアンの眺望は女子トイレの窓からのもの。女子のみの特権！

「新しくできたクラブでしょ？」と侮ってはいけません。まず、ビルの屋上という立地条件の素晴らしさもさることながら、全面空抜けの雰囲気も相当な気持ちのよさ！ しかもしかも、料理がかな〜りおいしいアメリカンフードなのです！ サンセットタイムより早い時間からシートを確保し、のんびりとお店の雰囲気を楽しみつつ、日が沈むまでのロマンティックなひとときを過ごし、ワイキキが夜景になっていく様を見ていると、つくづくワイキキっていいな〜と思える瞬間を味わえると思います。あぁ、また、あのハンバーガー食べたい〜！

その昔、ワイキキビジネスプラザ最上階の[Top of Waikiki]にはずいぶんとお世話になったけれど、すぐ下の階にこんな小洒落たところがオープンしたとは！ ワイキキビーチに向かったルーフトップのカラカウアデッキは、まるで空中浮遊しているかのような不思議で気持ちのいいところ。遠くにはダイヤモンドヘッドも！ 私たちもたまには洒落たところへ出かけようってことで行ってみたら、フードがおいしくてびっくり。それもそのはず、[アラン・ウォン]出身のシェフが腕をふるっているのだそう。ここはサンセットタイムにライブを聴きながらがグーよ。

"HEAR & SEE"
HEALING & MANA

　日の出は、祖先と私たちとの間の扉がもっとも大きく開く時間帯である。そう教えてくれたのは、私の師、クム・カレン・レイアロハ・キャロル。このセレモニーは、清らかな海水の力を借りて、自分自身の不要なものをすべて洗い流すもの。テクノロジーのストレスや倦怠感を波の泡に含まれるマイナスイオンが取り除き、すっきり生まれ変わった気分にさせてくれる。日の出にもっとも近いオアフ島の東側は、特にヒーリング効果が高いといわれているところ。自然は、風、波、動物、虹といったサインで私たちとコミュニケーションをはかります。ハワイ語でそれは〝ホアイロナ〟と呼ばれているもの。しばし足を止め、耳を澄ましてじっくり観察すれば、自然が私たちにメッセージを送っていることがきっとわかるはず。

　オアフ島の東側、サンディビーチでサンライズを拝み、その少し先のビーチでお清め。ハイディがブレッシングしている間、鳥の群れが私たちの周りをぐるっと回ってから海に向かい飛んでいったのには、ビックリ。ハワイで生まれ、育ったハイディは、荒れ狂う波の音も高さも気にせず、グイグイ海へ。自然を大事に、共存している島の人たちの生き様を見た朝。リフレッシュするだけではない朝のセレモニーにいろいろと考え、教えられました。寒いだけじゃなかったのよ、笑。

SUNRISE SEA CEREMONY
サンライズ・シー・セレモニー

　私は朝がとにかく苦手。けれどもハイディは「早起きして、朝日を見てから海に入って、今日という新しい1日を始めてみて」と、事あるごとに言っていた。だから、時間があるときに海に浸かって疲れや悩みをリリースするということは、ちゃーんと教わった通りにやっていたけれど、まさか日の出のセレモニーをやることになろうとは！　写真よりも実際はうんと高い荒れた波が押し寄せる岩場で、私はどうなってしまうのか、と思っていたのも束の間、ハイディのGo！という合図で3回ほど頭まで海に浸かりました。ふ〜、やればできるね。けど寒かった〜。おかげさまで、この日はさわやかに過ごせましたが、もしこれをやる場合は穏やかな海でお願いします。ワイキキとかね。

62

👤 ひっそりと美しいマノア渓谷にたたずむ[ライアン植物園]は、200エーカーにもおよぶハワイ大学の付属施設。私にとっては、散歩したり、植物について学んだり、自然の美しさに感動するためのとっておきで秘密の場所。ひとりでも家族とでも、たとえ地図がなくとも迷うことなく安心して自由にぶらぶら散策できるのもいい。子ども教室や講座、ガーデニングのデモンストレーション、料理教室、アート＆クラフト、ヨガなどさまざまなカルチャー教室も開催しています。

👤 マノアフォールズのトレッキングコースも素敵ですが、やっぱり僕はこちらのハイキングコースで静かにゆっくりと好きな植物を見ながら、てくてく歩くのが好きです。ある人は、道がぬかるんでるね〜とか、蚊が多いね〜とか泣き言を言いますが、最終的には楽しめちゃう場所です。あ、ある人って、アカザワさんなのですが…（汗）。霧雨なんか降ってくると、なんとも神秘的に雰囲気になり、心が清められるような気がしてくるくらいです。こういった場所は、ハイディの紹介で知るのが常なのですが……。

ハワイの原生植物を見ながらのんびり歩けば、30分ほどで最終目的地の滝に到着（残念ながら取材日は涸れてました…）。歩きやすい靴と、蚊が多いので虫除けスプレーは忘れずに！アカザワさんは何だかんだでエンジョイ中！

LYON ARBORETUM

ライアン植物園
3860 Manoa Rd., Honolulu / ☎808-988-0456
8:00-16:00 (Sat. 9:00-15:00) / Closed on Sun. / MAP P155-A-5

入場無料（$5の寄付）。ギフトショップでは、ハワイ大学の種の研究所による野菜の種をぜひ。$1.50〜。

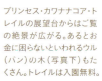

プリンセス・カワナナコア・トレイルの展望台からはご覧の絶景が広がる。あるとお金に困らないといわれるウル(パン)の木(写真下)もたくさん。トレイルは入園無料。

取材時期はラッキーなことにフチベニベンケイの木(金のなる木)に花が咲いていた。散歩の後は[カハアイナ・カフェ](P22)でお腹を満たそう!

WAIANAE COAST COMPREHENSIVE HEALTH CENTER

ワイアナエコースト総合ヘルスセンター
86-260 Farrington Hwy., Wai'anae
☎808-697-3300
MAP P158-C-1

島の西側に向かっていくと、見晴らしのいい丘の上に見えてくるのが［ワイアナエコースト総合ヘルスセンター］。その中に穴場のトレイルコースがあるんです。ハワイの伝統的なヒーリング法の保護に貢献したプリンセス・カワナナコアにちなんだ最初のトレイルを進むと、絶景が広がる展望台に到着。"ラアウ(薬草)トレイル"にはハーブや薬効のある植物がいっぱい。"ホアラ(香り)トレイル"は高低差がないので初心者向け。"ホヌ(亀)トレイル"では銅を使ったアーティスト、ソオリヤ氏の作品やカウイラ・クラーク氏のペトログリフが印象的。"アウマクア(守護神)トレイル"はもっともハードだけれど、絶景が見渡せるトレイル。"ケ・アラ・オ・ケオケオ・ケア(白)トレイル"は、絶滅危惧種の白いハイビスカスで彩られているところ。日中は日射しが強すぎるので、朝早くか夕方頃に行くのがおすすめ。

10万年以上も前にできたクレーターの中を歩く気分を想像してみて。ここは1958年に植物園として整備された、絶滅危惧種の珍しい砂漠植物を観察するのに最高のスポット。マダガスカル島、アフリカ、アメリカ本土、ハワイ、太平洋諸島などから集められた樹木や植物が地域別に分けられ、それぞれ別世界の光景を織りなす。1周、約2マイルをゆっくり歩いて1時間半程度。水とウォーキングシューズをお忘れなく。

ハイティのヒーリングスポットというここは、ココ・クレーターに囲まれ、巨大なサボテンがニョキニョキ生えた場所。自分たちの声以外は鳥の鳴き声くらいしか聞こえないからか、他の惑星に降り立ったような不思議な感じがする植物園。薄いビーチサンダルで歩いているとサボテンのトゲが何度も刺さるので、厚手の靴で行かないと、ですよ。

入園無料。入口付近にプルメリアの群生が。満開のときは、それはそれはきれいなんですが、私たちが行ったときは散った後。ほぼサボテンのみを愛でつつのヒーリング。

KOKO CRATER BOTANICAL GARDEN

ココ・クレーター植物園

7491 Kokonani St., Honolulu / ☎808-522-7060
Sunrise-Sunset / 無休 / MAP P159-D-3

ハワイの歴史をより深く知りたい人はこちらのセンターへ。ここは在来植物の庭、ポリネシアンの庭、古代ハワイアンの神殿"ククアオオ・ヘイアウ"、そして1911年建造のチューダー様式の邸宅という4つのエリアで構成。ワイキキ周辺で唯一、昔の姿をそのまま留めるヘイアウは、メネフネ（カウアイ島に住んでいたとされる妖精）によって建造されたと伝わるもの。

MANOA HERITAGE CENTER

マノア・ヘリテイジ・センター

contact@manoaheritagecenter.org

現在はサム&メアリー・クック夫妻の自宅だが、近い将来に歴史的邸宅ミュージアムとなる予定。ヘイアウと邸宅は国の歴史登録財に指定。ツアー（英語のみ・4人〜）は2週間以上前に要予約。入場料は1人$7。

サンセットを見ながらのオーシャン・クレンズ。今日の海はとても静か。小さな波さえも手前の岩がやさしく受け止め、おさめてくれる。岩の間から静かにただひたすら夕日を見ていた夕暮れ。

ハワイの手つかずの大自然からその特別なエネルギーやマナを感じる人は多いはず。カフ・アンジェラ・ポハクオラはそんな人々のスペシャルな旅先案内人。自然とつながりが深いアメリカンインディアンの血を引くカフ・アンジェラは、特に癒やしの石・ポハクについての知識が深い。オアフについて深く知りたい？　スピリチュアルな場所を訪ねた時にどうふるまうべきか学びたい？　YESと答えた人なら、このツアーを見逃す手はない。スピリチュアルなハワイをもっと深く知りたければ、小人数でのプライベートツアーがおすすめ。ツアーは英語のみ。

幼い頃から自然のメッセージを受け、その教えに沿って生きてきた、ハイディの友人で、カフのアンジェラさん。彼女の主宰するツアーは、一言で言ってしまえばスピリチュアルなもの。ハワイで守りを意味するティー・リーフを足に巻きながら彼女の話を聞くことから始まり、自分の中に詰まっている感情をリリースすることや、オーシャン・クレンジングなどがおこなわれる。何かがリリースされたかどうかはわからないけれど、夕暮れの海にちゃぽんと身を沈め、静かに太陽を見送る時間は、心とカラダがほろりとゆるむ瞬間だった。

海水やティー・リーフ、塩など、"ホ・オポノポノ"の儀式に使うアンジェラさんの道具。

HIDDEN OAHU SPRITUAL TOURS

ヒドゥン・オアフ・スピリチャル・ツアー

☎808-551-0900 / 予約受付 7:00-19:00 / $175 (4 hours), $275 (8 hours)
http://www.talkingtostones.com/

ハワイでは古来、ティー・リーフはお守りでもあり、魔除けとしても使われる神聖な葉っぱ。それを各自で編み込み、足首に巻いて、儀式に備える。

おみやげにもらった、ブレッシングされた塩とポハク(石)。「自分を守ってくれるわよ」とアンジェラさんに言われ、目をつぶってひとつ取る。なんと私の石は真っ黒だった…(アカ)。

オアフ島の東側、ワイマナロで暮らすカフ、"カイヴィ"ダグラス・アー・ヒーは、他者を助けるためのメッセージを受け取る才能を、何世代にもわたり受け継いできた家系に生まれた人。亡くなった人に伝えられなかったメッセージを伝えたり、私たちが内に秘めた悩みに助言したり。具体的にこれを聞きたいという話からではなく、まずは雑談からスタート。その流れで、カフが受け取ったメッセージから私たちに助言をくれる。とはいえ、いつももらえるとは限らず、まったくメッセージがこない場合もあるのだとか。カフとの面会には電話で予約が必要。

ロミ・ロミに使う特別なベッド。カフとの面会前に宿題を出されることもある。英語対応のみ。料金はドネーション(寄付)。

KAHU "KAIWI" DOUGLAS AH HEE

カフ・"カイヴィ"ダグラス・アー・ヒー
☎808-721-6630

67

LOCAL HAWAII
DO

Taking action and doing something you have never done before challenges our spirit and assists us to overcome our fears allowing new growth on a physical and mental level. Moving our bodies under guidance, sometimes gently and sometimes with great vigor, wakes up our senses, assists us to go beyond what we cannot do by ourselves, helps us let go limiting beliefs about ourselves that no longer serve us and brings out our smile and laughter again.

ローカルハワイ
実行する

何かを成し遂げたり、やったことのないことをするのは、
自分自身の魂へのチャレンジ。
恐怖心を克服し、心身向上の助けとなります。
ときには優しく、ときには厳しく、それぞれの師の指導の元に
カラダを動かすと、眠っていた感覚が呼び起こされ、
自分でも驚くような限界に挑戦できるようになることも。
そうして自分の限界を解放することで、心とカラダはさらにステップアップし、
日々により一層のスマイルが舞い込んできます。

"DO" Challenge

クム・エミコ・エザートン（中央）に習うフラのプライベートレッスンは、ハワイの自然を感じ、歌の意味を学べるスペシャルな体験。問い合わせは下記まで。
emiko.etherton@gmail.com

HULA

フラ

ハワイといえばフラの聖地。想像してみてほしい。ふんわりした緑の芝生で裸足になって踊ったり、音楽に合わせて腰を左右に揺らしたり、そよ風が髪をなで、手の動きでハワイの島々の物語を語ることを。これぞハワイでフラを踊ることの醍醐味。カラダを動かすことは、健康を保つカギであり、フラはハワイのリズムを感じ、文化を学ぶこと。新しい経験をしてみるのにも最高の手段。ロコのパーティーではよくあるけれど、いつでもどこでもフラが即興で踊れるようになったら楽しさも倍増するはず。

フラはハワイの伝統的な歌舞曲なんだけれど、私的には、ハワイそのもの。海や山などの自然を表現しながらハワイアン・ミュージックやチャントと呼ばれる詠唱に合わせて踊る様は、ハワイの風景に同化しているように思う。だから、ハワイに行ったら観てみたい、やってみたいと思う人が多いのもうなずける。フラを習えるところは各ホテルのアクティビティなど、さまざま。きちんと準備しなくてもハイディのようにパレオを巻いて、思い切って参加してみる、それくらいのゆるやかな気持ちでLet's Dance Hula！

上、リズミック体操の道具のひとつ・ボールを使い、筋肉の動きを鍛え、身体感覚を強化。右、床運動は体、脳、神経系を活性化させる。1レッスン$14、予約不要。

FIT WAHINE

フィット・ワヒネ

The Movement Center 1215
Center Street #211, Honolulu
☎ 808-735-8641
初級・中級クラス: Tue. 9:30-10:30
tmc@movementcenter.org / MAP P155-C-5

リズミック体操、ヨガ、ダンスのテクニックを利用して体幹を強化することにより、女性が直面するさまざまな健康上のトラブルを改善するクラス。インストラクターのシノグ・ククイ・サトウさんは、日本の高校の体操競技会で賞をとったこともある実力派。大学では体育学部を専攻、30年以上も子どもたちに体操を教えているベテランだ。加齢とともに変化する女性の体に対して何かできないかと思ったのが、この［フィット・ワヒネ］を起ち上げたきっかけ。ス

トレッチのほか、リボンやボール、フープなどを使ったオリジナリティにあふれた指導法で、どんな年齢の女性も楽しく、安全に体が鍛えられ、ハッピーになれる。

SHAKTI FLOW AT YOGA HAWAII

シャクティ・フロー・アット・ヨガ・ハワイ

1152 Koko Head Ave., Suite 202, Honolulu
info@shaktiflow.com / MAP P155-C-5

ジェシカ・アブナーさんによってハワイで生み出された"シャクティ・フロー"は、一般的なヨガとはあらゆる意味で異なる。一見、激しい音楽に合わせて心拍数を上げるダンスやお尻を振る動き、限界を超えてハイになる運動の組み合わせに見えるけれど、その根本にあるのは、体の解毒。それには汗をかくことがいちばん。この動きには、より深く解毒をし、チャクラを開いてエネルギーを体に蓄えるという意味がある。内面の強さ、勇気、スタミナ、エネルギーを強化し、活気にあふれ、生まれ変わり、マインドの抑制から自由になることを学べるはず。

「あなたの内面の女神が目覚めることを保証します」とジェシカさん。1レッスン$12、予約不要。

多くの女性の悩みは、腰まわりとお尻の贅肉。私も長年このあたりのお肉を隠してきたけれど、タヒチアン・ダンスを習うことで、自分の体をありのまま愛し、受け入れることを教わった。女性の下腹部はクリエイティブで官能的なエネルギーを表現する部分であり、新しい命を生み出す大切な場所。ワイキキ・コミュニティー・センターのクラスは、基本ステップを習う初心者向けのレッスンながら、業界でも有名な[トゥヌイズ・ロイヤル・ポリネシアンズ・ダンス・スタジオ]を経営するトゥヌイ・タリーさんが指導する本格派。何回か参加すれば、きっとこの楽しさのトリコになるはず。

TAHITIAN DANCE

タヒチアン・ダンス

Waikiki Community Center
310 Paoakalani Ave., Honolulu
☎808-923-1802 / Tue.&Fri. 11:00-12:00
www.waikikicommunitycenter.org/
MAP P157-C-4

タヒチアン・ダンスがただのダンスレッスンと思ったら大間違い。ワイキキ・コミュニティセンターのレッスンは、火曜と金曜の1時間。レッスン料は$10（非会員）、予約不要。

火曜と金曜のサンセット・ヨガのほか、朝7時にモーニング・ビーチ・ヨガ、朝9時には公園でのヨガも開催。参加料は1クラス$20ドル、3クラス$45、10クラスで$120。

SUNSET YOGA

私がいろいろな先生のヨガクラスを体験するのは、先生のバックグランドによってスタイルが違うおもしろさがあるから。指圧＆マッサージ・センターも経営するデニス・ミラーさんは、モダンダンス・カンパニーでの経験もあり、ヨガのバックグランドはハタ・ヨガ。アカザワさんがハワイに到着した日に合わせ、彼のレッスンにトライ。サンセットを眺めながらフライトで疲れたカラダをほぐし、すっかりリラックスモード。これで今晩は快眠間違いなし。レッスン内容は、当日の参加者やデニスさんの気分次第。

サンセット・ヨガ

カピオラニ公園のサーファーボーイ像前集合
Tue.&Fri. 17:30-19:00
waikikiyoga.com
MAP P157-D-5

今、ハワイは空前のヨガ・ブーム。見よ、この押し寄せた人数を！しかもほとんどがローカルという人気ぶり。予約不要。

オーガニックワインのほか、ヨガウェアやアクセサリーの販売があるときも。ワイン$5。

VINO & VINYASA

ヴィノ&ヴィンヤサ

Moana Surfrider, a Westin Resort & Spa
2365 Kalakaua Ave., Honolulu / ☎808-923-2890 (Moana Lani Spa)
毎月第3週 18:00-19:00 (Yoga), 19:00〜20:30 (Wine)
jp.moanalanispa.com / MAP P157-C-4

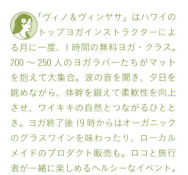

「ヴィノ&ヴィンヤサ」はハワイのトップヨガインストラクターによる月に一度、1時間の無料ヨガ・クラス。200〜250人のヨガラバーたちがマットを抱えて大集合。波の音を聞き、夕日を眺めながら、体幹を鍛えて柔軟性を向上させ、ワイキキの自然とつながるひととき。ヨガ終了後19時からはオーガニックのグラスワインを味わったり、ローカルメイドのプロダクト販売も。ロコと旅行者が一緒に楽しめるヘルシーなイベント。

モアナサーフライダーのダイヤモンドヘッド・ローン（芝生の中庭）で行われるヨガ・レッスン&終了後にオーガニックワインがグラスで楽しめる、というお洒落イベント。ワイキキビーチのサンセットを横目に、1時間みっちりコア・マッスルの強化に勤しむヨガは、場所は気持ちいいけど意外ときつい。しかもフリーとあって、ロコはもちろん観光客も押し寄せ、あっという間に場はいっぱいに。なる早で場所取りするのがおすすめです。

右上がインストラクターのシッシー・セラオさん。左下の父、ジョン・セラオさんは型紙デザイン&製作担当。イオラニ宮殿の敷地内にある建物で、土曜に開催されるキルトクラス。レッスン料は初回$15。2回目以降は$6。電話かメールで要予約。

持ち物は好きな色の生地5/8ヤードx2枚(1枚はデザイン用、1枚は当て布用。事前に洗っておくこと)、生地に合う糸と針も。

今回の取材で私が一番感銘を受けたクラス。それは私の祖母がキルターだったからかもしれない。小さい頃、祖母が縫ったたくさんの美しいキルトを見て、私には到底できないと思っていた。祖母が亡くなる前に父のために縫ってくれたクイーンサイズのキルトはその後、私が結婚したときに父から私への贈り物となった。このクラスの先生、シッシー・セラオさんの亡き母・ポアカラニさんは、生まれつき片手のないキルター。彼女とご主人のジョンさんは共にスピリチュアルな才能を持つキルターの家系。彼らの使命はハワイアン・キルトという文化遺産を広めていくことだという。その言葉を聞き、私はやっと祖母からの贈り物の大切さに気がついた。

POAKALANI QUILTING

ポアカラニ・キルティング

Iolani Palace, 364 S. King St., Honolulu / ☎808-223-1108
Sat. 9:30-12:00 / cissy@poakalani.com / MAP P154-B-2

上、自分で作った世界でたった1枚のパレオを持ち帰れる。左下、植物を採集するときも古くからのハワイのしきたりに従うというポゾさん。

PRINT MAKING TOUR

プリント・メーキング・ツアー

☎808-222-4066
www.zekoohawaillc.com.

現在ハワイで暮らす相楽晴子さんが主宰する[Zekoo Hawaii]のメニューのひとつで、オリジナル・パレオ作りのワークショップ。先生はワイアナエに工房を持つヘリオグラフィ・アーティストのポゾ・プアロアさん。ヘリオグラフィとは、太陽光線に反応する染料を使って布に模様を染める方法。仕組みはいたってシンプルだけど、材料選び、プロセス、タイミングなどすべての面にこだわることで、彼独自のパレオを生み出している。日照時間の長いオアフ島の西側に引っ越したのも、作品の完璧性を求めてのこと。毎週のように島の東側にある深い森まで100マイルほど旅して、デザインに生かす材料の葉っぱやシダ類を集めに行くそう。ワークショップに参加して、島の西エリアの魅力に触れてみては？

1人$145(送迎、通訳ガイド、水、税金、材料費、指導料込み)、要予約(1人参加可、2日前までに定員が3名未満の場合は中止)。相楽晴子さんが主宰するツアー[Zekoo Hawaii]は、通常の観光ではできないスペシャルな体験が可能。

"DO" Relax

ジャグジー付きのスイート・ルームは、まさに目の前がビーチ！この部屋に泊まりたいよ、っていつも思う私です。

数あるホテル・スパのなかで唯一オーシャン・フロントのここへは、ロミロミを受けに来ることもあるけれど、ジャグジーに浸かったり、サウナに入ったり、ぼーっと海を眺めたりするために訪れることが多い。マッサージを受けるとその前後に時間が許す人は何時間でも滞在できるリラクゼーションルームとスパ（ジャグジーとサウナ）。なんだけれど、スパだけの利用も可能というのがここのいいところなのだ。ジャグジーからもリラクゼーションルームからもワイキキビーチが望める贅沢なロケーションで、頭を空っぽにしてひたすら、たらり〜んとする1日。旅にはこんな時間も必要なんじゃないかな。あ、ジャグジーは水着着用で、よろしく！

MOANA LANI SPA

モアナ・ラニ・スパ

Moana Surfrider,a Westin Resort & Spa
2365 Kalakaua Ave., Honolulu
☎808-237-2535 / 0:00-22:00(最終トリートメント21:00-)
無休 / MAP P157-C-4

リラクゼーションルーム、サウナ、ジャグジーなどが使用できるデイ・パス＄45。これで1日楽しめちゃうんだからお得ですよ。スパで使用しているクリーム（＄34）やローション（＄19）も購入可能。オリジナルのママキティー（＄15）はクレンジング効果も。

ネイト・ナカソネさんのロミロミは、まずいろいろお話をし、ヒーリングした後に、施術が始まります。長い棒を使い、足で体をほぐすのですが、それが足なのか手なのかわからないほど繊細。僕はこのとき、さまざまな色を心で見ることができました。ネイトさん曰く、それが体がもつエネルギーであり、チャクラの色なのだそう。不思議な体験でしたが、きっと昔のハワイアンはこうやって体とチャクラのバランスを整えて自己管理していたのかもしれませんね。あっぱれです、ネイトさんっ！！

今回は撮影ということで特別に外でロミロミをしてくれた、心優しきネイトさん。しゃべり方もとっても穏やか。$150（チップ込み・通訳が要る場合は＋$50）。

PULAMA PONO
BY NATE NAKASONE

プラマ・ポノ・バイ・ネイト・ナカソネ

www.hacinarea.webs.com

あかすり、全身マッサージ、フェイシャル、シャンプーが含まれる。100分$122、120分$142。無料駐車場あり。

ALOHA SAUNA & SPA

アロハ・サウナ＆スパ

1724 Kalauokalani Way #100, Honolulu
☎808-941-9494
9:00-21:00　無休
MAP P156-C-1

ストレスをゼリーみたいにとろとろに溶かしたい！ と思うときが誰しもあるはず。そんなときにおすすめなのが、私と女友達が誕生日のお出かけの定番にしているアジアンスタイルのスパ。イチオシは100分のアロハスペシャルサービスと120分のデラックスコース。施術後のオイルが付いた状態ではお風呂に入れないので、マッサージ予約時間より早めに出かけ、ジャグジー付きのお風呂や水風呂に浸かって存分にスパを活用するのがおすすめ。マッサージ前にサウナで肌を整えるのもよし。

OLA LOMI

オラ・ロミ

lomitomoko@gmail.com

予約はメールにて。トモコさんが部屋まで来てくれるので、準備は不要。ただベッドで気楽にしているだけでよし。マッサージの終了時間もあなた次第。60分$72（チップ・税込）〜。

ワイキキのゴージャスなホテルに泊まっているなら、部屋でロミロミ・マッサージを受けるのはいかが？ ロミロミは古くから伝わる癒やしの芸術で、全身の細胞の記憶を解き放つと信じられている。

トモコさんはトラディショナルなロミロミを得意とする熟練のマッサージ・セラピスト。チャント（お祈り）から始まり、流れるような手の動きで、体を本来あるべき姿に整え、リラックスへと導いてくれる。

BEAUTY ELEMENTS

ビューティー・エレメンツ
☎808-781-0724
beautyelements828@gmail.com(予約受付)

フェイシャル80分＄148、ボディ・セラピー90分＄260(各＋税)。出張もあり。別途＄60。

魔法の手、とはまさに彼女の手！ 解剖学、肌構造を熟知し、今もさらなる研究に勤しむ看護師だったイズミさんのフェイシャルとボディケアは、その場限りの癒やしではなく、持続するケア。フェイシャルは顔にたまった毒素を排出、血行を促進してリンパの流れを活性化させるもの。ボディも同様。むくみやすい、疲れがとれない、痩せにくいなどに悩んでいたら即ここへ。私はハワイに着いたらまずここで整えてもらうのが常。滞在中の元気度が全然違いますよ！

HAWAII HEALING ARTS

ハワイ・ヒーリング・アーツ
hawaiihealingarts@gmail.com

ネイティブ・ハワイアンでクム・ロミロミのカポノさんが教えるロミロミ・クラス。カフナでもあるカポノさんは、ハワイを訪れる世界の重鎮たちからも指名がかかるセラピスト。クラスはロミロミのほか、ハワイ語で"キコオコオ"と呼ばれるストレッチを学ぶものやストーン・セラピーなど。技術だけではなく、ハワイの自然とつながることで気の流れを整えること、ハワイの伝統的な秘法"ホ・オポノポノ"につながる話も。問い合わせはメールで。

NATURAL MEDICAL CLINIC & SPA

ナチュラル・メディカル・クリニック＆スパ
Waikiki Sandvilla Hotel 2375 Ala Wai Blvd., Honolulu
☎808-921-8121 / 完全予約制
naturalmedicalclinic.com
MAP P157-C-4

一番人気はロミロミまたは指圧＋美顔鍼の90分コース"プリンセス・トリートメント"＄90。

クロアチア生まれハワイ育ちのダルコ・ヴィダック医師の指導に基づき、治療をおこなうクリニック。フェイシャル、デトックス、鍼灸、カップルで受けられるマッサージやマッサージ・スクールまであり、ユニークな施術が手頃な値段で受けられると評判。特に顔はストレスのたまりやすいところ。美顔鍼は筋肉や神経の流れを良くし、まったく痛みを感じない自然なフェイス・リフトといった感じ。他にもたくさんのパッケージがあり、私の次回の挑戦はデトックス・トリートメント！ 漢方の処方も可能。

緑が生い茂る中庭のカバナでもトリートメントが可能（メニューによる）。朝早い時間がおすすめです。

SPA HALEKULANI

スパハレクラニ

Halekulani, 2199 Kalia Rd., Honolulu / ☎808-931-5322
8:30~20:00 / 無休 / MAP P156-D-3

ワイキキの中心でありながら、森の中にいるかのような静けさと清々しい空気を保つスパ。この空間とセラピストに身をゆだね、心身ともにゆるむ幸せな時間は、頑張ってきた自分へのご褒美。旅の間に一度だけ、思い切り贅沢してもいいよ、と自分に言って訪れる場所です。お気に入りのトリートメントは、スクラブで古い角質を落としてからボディラップとマッサージを施される"ハレクラニ・スプリーム"（100分＄315）。体を目覚めさせ、ひと皮むけたようなすっきりとした気分になるトリートメント。マッサージ、スクラブなどいろいろミックスされているのもお得な気分。

上、トリートメント後はスペシャル・ティーとバビーズのモチアイスでリラックス。左、スパ・ショップ内でのお気に入りは、WAIA NUHEAのシリーズとMANOA MINTのミスト。

79

"DO" Transformation

SHAKA PRESSED JUICE

シャカ・プレスド・ジュース
3118 Monsarrat Ave., Honolulu
☎808-200-0921
7:00-18:30 (Sat.& Sun. 7:30-)
無休 / MAP P157-C-6

このマシンが栄養をそのままコールド・プレスしてくれるもの。スープでもこのデトックスコースを作ってみたいと、オーナー。これからサーフィンに行くですって〜。

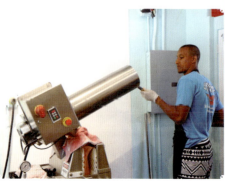

真の変化には時間がかかるし、日々の積み重ねと最初のステップが肝心。もっとも簡単な方法は、ジュース・クレンズだ。ジュース・クレンズはカラダの浄化への最短距離。今回、私たちが試したのは6種類のジュースが入った1日だけのワンデー・ジュース・クレンズ。驚くほど簡単で、空腹を感じたときにいつでも飲んでお腹を満たすだけ。ここは摩擦熱の起きない高機能ジューサーを使用。酸化を最小限に抑え、フルーツや野菜のビタミンやミネラル、酵素などの栄養素をキープできる。本当の意味でのデトックスには2〜4年かかるものなので、まずは最初の一歩をこれぐらいシンプルにするのが長続きの秘訣かな。

さっそくお店の前で乾杯してスタート！しましたが、正直、私は1本目でポエッとなってしまいました。ハイディとマコトは意外と現地住まいの余裕を見せてましたが、私はデリのほうが良かったかな〜、笑。ジュースクレンズは1day$52、3days$156、5days$260。

ずーっと気にはなっていました。ある朝、ハイディが「ついてきて〜」と言いました。いそいそとついていくと、このお店に連れてこられました。そして、ハイディは言いました、「さあ、今日はここのジュースだけで過ごすのよ。そして、あなたの体の中を整えるの！」ってそれは、いわゆるファスティングってやつですか？ 食べるのが大好きな僕にはとても無縁だと思っていたのに。ハイディの言うことは絶対です。もしもNOなんて言ったら、心から悲しい顔をされてしまいます。ハイディのそんな顔は見たくありません。ということで、言われるがまま、このジュースだけで1日を過ごしました。翌日、なにかさわやかな朝を迎えたような気がしました。僕はハイディの言うことを聞いてよかったと思いました。ハイディに感謝でした。

朝から晩まで1日を6本のジュースのみで過ごすデトックス・デーを作ろうというハイディの提案を受け、マコトと3人でチャレンジしてみました。ここはオープン当初からヘルシーなロコたちに人気のコールド・プレス・ジュースとデリのお店。ローカル＆オーガニックな素材を使ったジュースは、すぐに栄養素が飛んでしまうスムージーに比べ、3日間も栄養がキープできるんだそう。ジュースには飲む順番が決まっているだけで、あとは好きなときに飲んでいいそう。ビーツやケールなどの味わいがするものあり、ペッパーウォーター的なものも。終わった後は体が少し軽くなったかな。でも1日じゃあね〜、笑。

タラ・アルダーさんは、ホリスティック医学や栄養学などを学び、2000年にコロニクスを開始。今ではアメリカ中で施術を行っている。英語対応のみ。

COLONICS
BY TARA ALDER

コロニクス・バイ・タラ・アルダー

www.alderbrooke.com

「人生が変わるわよ！」とハイディや他の友人に言われ、腸内洗浄体験を決心しました。チェックシートを元にセラピストのタラさんといろいろお話をしてから施術室へ。分娩台のような台に乗り、自分でお尻に管を入れるのです。さすがアメリカ、自立精神高いな〜と思いつつ、準備ができたらタラさんを呼び、いよいよお水注入！ 今まで出すだけだったところに今日は入れるのですから、それだけで人生は変わるはず！ なんて考えたのも束の間、水がお腹の中に〜。ヒーリング音楽を聞きながら瞑想し「お水よ、奥まで入れ〜」と何度も心の中でつぶやきます。時折それを邪魔するのかのごとく、アカザワさんのバカ笑いが隣室から聞こえてくるのですが、負けません。30分ほど過ぎたでしょうか？ タラさんが「How are you？」と覗きに来ました。僕は正直に答えました。「Yes、お腹いっぱいです…」。我慢強くない自分を再発見できた、素敵な体験でした。

年々、私たちの消化器官は老廃物で一杯になってきます。台所のシンクと同様、きれいにしてあげないと。本来は1日2〜3回の便通があるべきというけれど、そんな人はレア。腸内洗浄"コロニクス"は、古代から使われてきた、もっとも早く宿便を排出する方法。こちらはトイレと同じように自分で排泄する"オープンタイプ"なので、プライベート感もあって初心者向け。試した後は、便秘、腸の不調、溜まったガスなどが改善するという結果が出ています。多くの人にとって、カラダを浄化することは心身ともにすばらしい鍛錬になるはず。

場所はワイキキから車で15分ほどの山の上の住宅街。初回90分＄127（カウンセリング・コロニクス含む）、2回目以降＄108（最長75分）。ハーブのサプリメントも販売。

心が沈んでいる時やリラックスしたいとき、ちょっと贅沢したいときに利用するのが、安くて早い、私のお気に入りのネイル・サロン。たいていは、シンプルにペディキュア（約$20）で、いつも酷使している足にお礼。若い女の子たちにはジェルネイルが人気だそう。

ペディキュアとマニキュアのセット$35。2種の色を使ってこんなふうにもしてくれるし、仕上がりもグーでしたよ。

A&A NAILS SALON

エー&エー・ネイルズ・サロン

3571 Waialae Ave., #103, Honolulu
☎808-737-0707 / 9:00-19:00 (Sun. 10:00-17:00)
無休 / MAP P155-C-5

ハワイ滞在中、ネイルは必須アイテム。ですが、ワイキキ近辺のネイル・サロンはちょっとお高め。という話から、ハイディがわりとよく行くサロンに連れて行ってもらいました。まずフットバスで足をブクブクしてもらい、ブラシでゴシゴシ。ちょっと痛いですが、リアクションすると笑いながらゆるめてくれるので大丈夫。あとは好きなカラーを選ぶのみ。椅子にマッサージ機能が付いているあたりも街のサロンって感じで気楽でいいんですよ。

格闘技界の名コーチ、ケン・リーさんが創設した"トータル・ディフェンス・システム"。ケンさんは黒帯保持者であり、国内外の何人ものチャンピオンのコーチを20年以上も務めている。セルフ・ディフェンスとは、自分自身の心身の健康を守り、他者を危険から守るというもの。私の息子たちも武道を習っているけれど、困難な状況に陥ったときの自己防衛の手段と心構えを教わったと言っていた。ケンさんと、黒帯保持者である奥様ジュエルさんの指導のもとにおこなわれるこのクラス。ぜひ勇気を出して参加してみて。

UNITED MMA & FITNESS CENTER

ユナイテッド・MMA&フィットネス・センター

94-530 Uke'e St., Waipahu / ☎808-450-5700
8:00-20:00 / Closed on Sat.& Sun.
www.unitedmma.net / MAP P159-C-1

「強く、勇敢に、恐れずに」は[ユナイテッド・MMA&フィットネス・センター]のモットーであり、私の目標。初回は予約不要で$20。

83

なんとビールがサービスで出てくるんです！ヒゲの形は選択化。サロンアイテムのセンスもグッド。確かに旅先でその土地で流行っているヘアスタイルにしてもらうのは、ちょっとうれしいかも。なんか似非ローカルではない、本物のローカルにちょっぴりなった気がします。Cut&Shave $65。ヘッドスパもあり $15。

> もちろん、髪の毛もカットしてくれるのですが、ヒゲも剃ってくれるんです。生まれてこのかた、そういう経験がなかったので、ワイキキから10分ほどのマッカリーストリートとキングストリートの交差点に新しくできたバーバーに出かけてみました。ダウンタウンに1号店があり、こちらはその2号店なのですが、1号店同様に今時のカッコイイ男のサロンという感じ。ちょうど髪もボサボサだったし、ヒゲもぼうぼうだったので、少しでもまともな男にしてもらうようお願いし、ヘアスタイルも最近ローカル男性の間で流行っているサイドとバックを刈り上げて、トップを長めに残す感じにしてもらいました（写真じゃいつもと変わってないように見えますけど…汗）。ヒゲもカミソリで丁寧に剃っていただき、ツルッツルのお顔にしてもらい、感謝感激！

MOJO BARBER SHOP

モジョ・バーバーショップ

2005 S.King St., Honolulu / ☎808-800-3960
10:00-19:00 / Closed on Sun. / MAP P156-B-1

Before

Sun Kissed Make Up !!

1 化粧水と乳液（Sisley Self Tanning Hydration Facial Skin Care)で肌を整え、特にしわとアイホール、まぶたの下の部分は特に丁寧に。これがファンデの保ちを良くする基本。この乳液は保湿もしてくれるので大人の肌に最適。

2 頬骨、おでこ、鼻筋、口角、アイホールと目の下に、ギラギラしない自然なツヤが出るハイライト（Nars Copacabana）を入れ、明るさを出す。低い位置に塗るとただのテカリ肌になるので注意！

3 ファンデーションは上品な肌感をつくってくれる(Dior Skin Forever Ekstrom Conpact)がおすすめ。毛足のたっぷりあるブラシでささっとのせるだけで気になる毛穴をカバー、持ちもいい。ごく軽めにが基本。シミやくすみが気になる人はコンシーラー（Marc Jacobs Remedy Concealer）をしてからパウダーを。

4 パウダーチークは"つけました感"が強いので、自然なツヤと血色の良さを出すリキッドまたはクリーム状チークス（Nars OrgasmまたはLANCOME Cushion Blush Subtil）を頬骨の高い位置にポンポンと指先で置いていく。色は青みがかったピンクではなく、赤みがかったものを選ぶこと。太陽にキスされたような日灼け肌がつくれます。

5 アイブロウペンシルは髪の色より少し明るめのものを。眉尻が眉頭より下がらないように自然の眉に描き足すイメージで。

6 アイブロウマスカラで眉を下から上に持ち上げながら整えると、自然な仕上がりに。

7 目頭に少しハイライトを入れ、目元全体を明るく。

8 ベースを塗ってから、マスカラをオン。毛先ではなく根元近くにつけることで睫毛が自然に上がるので、濃いアイライナーは不要。

After

年齢を重ねてもメイクの方法を変えない女子が多いらしい。ドキッ！私もその一人でした。肌とメイクの変化についてはプロに相談するのが一番。友人でもあるシノ・ミックグラーフリンさんは、敏腕メイクアップ・アーティスト。日本のトップモデルから結婚式の新婦さんまで、クライアントの個々が持つ自然な美しさを引き出してくれる人。私のリクエストは、太陽がキスしてくれたみたいな、ちょっと小麦色のナチュラル・メイク。シノのアドバイスで印象的だったのが「しすぎないこと」。以前の私は10分ぐらいかけていたけど、今では5分以内でナチュラルで大人な仕上がりに。結婚式、旅の記念写真、メイクアップの予約はEmailで。$200〜（ホテル出張費込み）。

HAIR & MAKE-UP BILINO
BY SHINO MCLAUGHLIN

ヘア＆メイク・アップ・ビリーノ・バイ・シノ・ミックグラーフリン

info@bilino.com

LOCAL HAWAII
TOUCH

When you come to Hawai`i and immediately put on some of Hawai`i's popular fashions and accessories, it will instantly switch you into "Hawai`i mode." The colors, textures and styles next to your skin shifts your body instantly in tune with the vibe of the islands. Put on an Aloha shirt or a t-shirt and some slippers and you will feel it. Surround your body in Hawai`i... walk barefoot in the sand. Take a refreshing dip in the ocean! Let a bit of morning sun on your skin! Ahhh... soak it all in!!! In Hawai`i, do as the locals do!

ローカルハワイ
ふれる

ハワイを訪れたら、ローカルに人気のファッションと
アクセサリーを身につけ、"ハワイモード"に気分をスイッチ。
直接、肌にふれる手ざわりや、身にまとう色が、
アイランド気分を盛り上げてくれるはず。
あとは、アロハシャツやTシャツ、ビーチサンダルさえあれば、完璧。
洋服やアクセサリー以外に大切なことをもうひとつ。
カラダでハワイを感じること。裸足で砂浜を歩いたり、
海にザブンと浸かったり、朝日に肌をさらしてみたり。
カラダ丸ごとぜーんぶ、ハワイにふれてみて。

"TOUCH" Beach Style
Wear & Goods

ハワイでいつも目にする南国フルーツも、Fighting Eelのデザイナーにかかると、こんなにキュート。それぞれ微妙にTシャツの形が違うのがポイントと、ハイディ。

FIGHTING EEL

ファイティング・イール
1133 Bethel St., Honolulu
☎808-738-9300
10:00-18:00 (Sun. -16:00)
無休
MAP P154-B-2

オーナー兼デザイナーのローナ・ベネットとラン・チャンがはじめたローカル・ブランド。私のクローゼットには、10年以上前にここで買って今も着ているドレスやトップスがいっぱい。ドレスアップにもビーチカジュアルにも使えて長持ちすることを考えれば、少々高くても気にならない。〝ファイティング・イール〟と妹ライン〝アヴァ・スカイ〟の服が何年経ってもソフトでクリーンな状態を保てる理由は、ブナの繊維やテンセル、竹から作られたモダールといったサステイナブルな植物性繊維を使っているから。常に消費者のことを第一に考え、安全で美しい生地でデザインを引き立てるというその姿勢も素敵！

ダウンタウンのホテルストリートにある古いビルの2Fにオープンしたのが2004年のこと。それからあれよあれよという間にワイキキ、カイルアと店舗展開していったローカル・ブランドになかなか足を踏み入れないまま時が過ぎていた。ハイディが身につけている服を褒めると、いつもここの名前が挙がる。それで行ってみたら、もう欲しいものだらけ！ 肌触りのいいタンクトップは、ボディにやわらかくフィットするラインをつくる優秀なもの。Tシャツにはパイナップルやシャークがお茶目にデザインされ、プリントされていた。Made in Paradise、まさに！

ロコ・デザイナーによるアクセサリーは、ビーチに似合うものばかり。左のアヴァ・スカイはハイディがドレスアップする時の定番。

夜のあらたまったお出かけにはアロハシャツが気分だけど、昼間はやはりTシャツが一番。ロコ御用達のサーフブランド[クイックシルバー]からハワイ限定の"アロハ・アク、アロハ・マイ"ラインが誕生。ハワイ語で"私の愛をあなたに、あなたの愛を私に""あなたが与える愛は、あなたが受ける愛"といった意味で、ワイキキの黄金時代にインスパイアされ、デール・ホープ氏とジーナ・デイヴィッドソン女史というハワイのファッション業界における二大アイコンとコラボレーション。なかでもアロハシャツとTシャツを組み合わせた"アロハTシャツ"は、昼夜どこにでも着て行けてちょっとしたドレスアップにもOKとあって、男女問わずハワイで流行中。

アロハTシャツは、左から$42、$40、$42。そのほか、現代的なカラーにヴィンテージのデザイン要素をミックスした、ベースボールキャップ(各$40)もおすすめ。

QUIKSILVER WAIKIKI

クイックシルバー・ワイキキ
2181 Kalakaua Ave. #101, Honolulu
☎808-921-2793 / 9:00~23:00
無休 / MAP P156-C-3

フィンの充実度はハワイ随一。限定のスイム・ショーツはおみやげにも。

海、クラフト、ハワイのアイデンティティを愛するボディ・ボーダー・チームによって生み出されたブランド"ハイデンティティ"。お店のある島の東側は、サンディビーチやマカプウ・ポイントをはじめオアフの中でもボディ・サーフィンのメッカとして知られていて、ここハイデンティティにもボディ・サーフィンの道具からファッション・アイテムまでズラリ。シェル(貝)ダイビングのスポットも多いため、ダイビングに必須の素晴らしいゴーグルも。とはいえ波も流れもかなりきついので、初心者にはおすすめできないのが残念!

HIDENTITY SURF SHOP

オーナーでアカ&シャウニー・ライマン夫妻はプロ・ボーダー。

ハイデンティティ・サーフ・ショップ
501 Kealahou St., Honolulu ☎808-395-9283
10:00~17:00 (Sat. 9:00~18:00, Sun. 9:00~16:00) / 無休 / MAP P159-D-3

NORD STROM RACK

ノードストローム・ラック

1170 Auahi St., Honolulu ☎808-589-2060
9:30-21:00 (Fri.& Sat. -22:00, Sun. 10:00-19:00)
無休 / MAP P154-C-2

有名ブランドのスポーツウエアや下着もリーズナブル。人気の小さいサイズを探すなら、週の真ん中あたりが見つけやすい。

ヴィンテージのものも好きだけれど、靴やスポーツウエア、下着はやっぱり新品がいい。ハワイは赤土や浜辺の砂のせいか、ビーチサンダルや靴はすぐダメになりがち。いくつあっても足りないのです。ここはローカルが好きなブランドのビーチサンダル、有名ブランドのスポーツウエアや下着など、種類が豊富でお手頃な価格で見つけることのできるアウトレットショップ。私のように7以下の小さなサイズの女性は、お値段も手頃でカラフルな子ども用の売り場で探してみるのもひとつの手。洋服もトップスなら子ども服売り場で結構いいものを見つけることができますよ。カラフルな色の下着は、お天気の悪い日でも明るい気分にしてくれるアイテム。特に赤い下着は大地とつながるカラーでおすすめ！

ハワイでもっとも有名なホビー・ショップ。私がここにくる理由のひとつはDIY精神にインスパイアされるから。でも何より楽しみなのは、ローカル・アーティストが自身の作品を手頃な値段で並べるロッカー形式のショウケース。買い物することで彼らの活動をサポートすることになるし、素敵なアクセサリーでハワイ気分に浸れること間違いなし。

秘密基地に案内するかのようにハイディに連れてこられたココ。え？ 知っているけど、クラフトショップに何が？ と思っている私の目の前に現れたのは、ロコたちが手作りしたサンライズ・シェルやビーズ、クリスタルなどを使ったキュートでリーズナブルなアクセサリーといった私的お宝の山！ 街のクラフト屋さんだとばかり思い込んでいたら大間違い、でした。我を忘れてお買い物したのは言うまでもありません。

ロコが作品を展示する、ロッカー形式のギャラリー。手作りのサンライズ・シェルもワイキキよりもずいぶんお値打ち。鍵がかかっているので、中を見たいときは店員さんにお願いして。

BEN FRANKLIN CRAFTS

ベン・フランクリン・クラフツ

Market City Shopping Center,
2919 Kapiolani Blvd., Honolulu ☎808-735-4211
9:00-20:00 (Sun. -17:00) / 無休 / MAP P157-A-4

ハワイ島のヒロで生まれ、パホアで育ったイヴァラニ・イズベルさんの口癖は「LOVEが一番大切」。会うたび、はじける笑顔でそう教えてくれる彼女の暮らしぶりも、デザインにも、すべてがLOVEにあふれているのです。左、ビキニ上下各$75。下、ヨガパンツ$105。防水素材の裏地付き。パッチワークのデラックスバッグ$115、ビーチバッグ$105、ミニショルダー$57。

PUALANI HONOLULU

プアラニ・ホノルル
The New Otani Kaimana Beach Hotel
2863 Kalakaua Ave., Honolulu
☎808-923-0753 / 9:00-19:00
無休 / MAP P157-D-6

プアラニはハワイの象徴的な水着ブランド。ブラ代わりにもなるこちらの水着は、泳いで水から上がったときにもカラダが美しく見えるように計算されている。吟味を重ねたカラーリング、ヨーロッパの高級生地を使ったデザイン、水着専門の縫い子さんたちによる質の高い縫製…。プアラニには3歳から93歳まですべての女性が着られる水着が。もちろん私もこれから一生お付き合いするつもり！

かわいさも重要だけれど、やっぱり一番は着心地、と思える年齢になって久しい。そんなとき出合ったプアラニの水着は、水着としてはもちろん、ブラ代わりとしてガシガシ使用しているもの。4方向に伸びるストレッチ素材は体にやわらかくフィットするので、ストレス・フリー。とにかく着け心地がいいのです。かつてスタントマンをしていたオーナー・デザイナーのイヴァラニさんは、自分の体にフィットする水着を探していたけれど、なかなか見つからず。ならば自分で！と奮起してスタートしたのがこのプアラニ。自分が欲しかったものをかたちに、という自然な発想から生まれた水着は、着けているだけでビーチにいるかのようなリラックス感。トップスとアンダーを自由に組み合わせられるプリントやカラー、かたちもいいのですよ。

石にはそれぞれが持つパワーの解説付き。ぶら下がっているクリスタルを見ているだけでもなんだかワクワクしてくるのはやっぱり乙女心ってもんかしら。右下はハイディと私が作った Light Catcher。材料費は＄18ぐらい〜。シェルを通してから糸にクリスタル・ビーズを編んでいく作業は無心になれて楽しかったですよ。

THE BEAD GALLERY

ザ・ビーズ・ギャラリー

1287 Kalani St. #103, Honolulu
☎808-589-2600 / 11:00-18:00
Closed on Mon. / MAP P154-A-1
thebeadgallery.com

ジュエリーは単なる装飾ではなく、自分に合った石を身につけることで自然の力を引き出す手助けになると知ったのはこのお店のおかげ。週毎のクラス開催、ウェブサイトで無料公開する教材ビデオのほか、基本のジュエリー制作なら予約なしで習うことも。何よりすばらしいのは、オーナーのジェイミーとジェイソンによってじっくりと吟味された商品たち。それとスタッフが簡単な作品の作り方をその場で教えてくれること。クリスタル・ビーズやシェルの品揃えはハワイで一番！

アクセサリーのコーディネートが上手なハイディは、「クリスタル・ビーズやシェルを身につけると自分を守ってくれるよ」が口癖。私にも合うものを見繕ってくれるというのでついて行ったら、アクセサリー屋さんではなく、ハンドメイドするほうのお店。クリスタル・ビーズやシェルが整理された引き出しにギューッと詰められた店内は、大きな図鑑を開いたかのよう。組み合わせを考える楽しみと、作る楽しみがあるので、一度行ったらはまってしまう人多そうだなぁ。

少し前に"EHA"というマッサージ・ジェルをいただいたことから、10年以上ぶりにここを訪れるようになりました。EHAとはハワイ語で痛みを表す語だそうで、関節痛や筋肉痛に効くというこちら。塗った後のスーッとしみ込むメントール感がめちゃ気持ちいいんです。仕事中に肩凝ったなぁと思ったら首筋に、寝る前に足がだるいなぁと思ったらここにも。というわけで、気づいたら手放せなくなっていました。ハワイの植物を使って作られているというのもナチュラル志向グーですよね。

BELLE VIE
ベル・ヴィー

他にもハワイの植物を使ったシリーズがいろいろ。ワイキキのど真ん中にあるので夜でもぶらりと行けて便利です。ちなみにEHAは$39(大)、$6(小)。右上の小さなボトルはハワイアン・クレンジング・オイルNANI各$5。旅行者に便利なサイズです。

2250 Kalakaua Ave., Honolulu / ☎808-926-7850
10:00-22:30 / 無休 / MAP P156-C-3

男性用、女性用あり、ちょっとずつ使用する天然石も違うのだそう。私が好きだったのは、右下のターコイズとタイガーアイを使ったMakana-Gift for the earth、$86(Lady)。

友人が身につけていた、小さな石と金色のビーズの素敵なピンキーリング。[マルラニ]で買ったと聞いて、私もさっそく見に行くことに。28Fにある素敵なショールームからは、山と海が一望！色、石の種類、テーマ別に分けられていて探しやすい。それぞれに詳しい説明が付いているので自分の願いに合った石が見つかるし、オーダーメードも可能なんです。

ハワイでブレッシングした天然石をアクセサリーにして、デイリー・ユースに仕立ててくれるお店。既製品もかわいいけれど、オリジナルを作ると、こんなかわいいフラガールやパイナップルなどのチャームがセレクトできたりも。お守りみたいなアクセサリー、プレゼントにも！

MALULANI HAWAII
マルラニ・ハワイ

1750 Kalakaua Ave., Suite 2804, Honolulu / ☎808-955-8808
10:00-18:00 / 無休 / MAP P156-B-1

植物、本、雑貨、自分で作る観葉植物のミニ・アレンジメントなど、自然にまつわるものを集めたボタニカル・ショップ。店名はオアフ島の南海岸にあるパイコ・ビーチにちなんだもの。創立者のタマラ・リグニーさんが最初の工房をおばあちゃんの家のガレージで始めたのが、まさにココ。アーティスティックなアレンジメントやブーケ、ウェディング用のヘアピースなどもここで製作されているのだそう。多肉植物プロテアのオリジナルアレンジメントは、開店祝いやバースデーなどに大人気！

今やすっかりおしゃれタウンと化したカカアコ地区を牽引しているといっても過言ではないグリーン＆ガーデンショップ。と、一言で言い切れないのは、鉢植えのグリーンや花束などもあるけれど、おすすめの本があったり、その場でオリジナルの鉢植えを作れたり、ハクレイ（フラワー・クラウン）のワークショップがあったり、と多岐にわたっているから。いろいろ興味津々で、お店を出るときにはたくさん買い物している自分がいつもいます…。

植物と花器を選び、砂や石のトッピングを選ぶオリジナル鉢植えは、フィリング＄4.50〜。トッピングは＄1.50〜。Brother Nolandの『THE HAWAIIAN SURVIVAL HAND BOOK』など、本のセレクトもよし、なのです。

PAIKO
パイコ
675 Auahi St., Honolulu / ☎808-988-2165
10:00-18:00 (Sun. -16:00) / 無休
MAP P154-B-2

"TOUCH" Cute

THE PUBLIC PET
ザ・パブリック・ペット
3422 Waialae Ave., Honolulu / ☎808-737-8887
10:00-18:00 (Sat.& Sun. -16:00) / Closed on Mon.
MAP P155-C-5

ペットは家族の一員だからこそ、フードもグッズも一番いいものを与えたい。でも一般的なペットショップに行くと、種類がたくさんありすぎてわからない。そんなときは、犬猫両方のペット・フードや日用品、アクセサリー、健康グッズまでを、ローカルが個人経営する会社から仕入れるよう努力しているこちらへ。可能な限りオーガニックでエシカルなものを提供しているので安心だし、その気持ちはきっとペットにも伝わるはず。

上、ペット用のフードディッシュがダイヤモンドヘッド型も、笑！　右、ローカルデザイナーによる、デッドストックのアロハプリント生地を使ったRoberta Oaksの犬用バンダナ。左、ハワイメイドの犬用バス＆ボディプロダクトもいろいろ。

右、おもしろソープシリーズ。コーヒーやアボカドのソープ各$11やSurf Waxソープ$15など。左、Tooth Picks Bacon $3、Cupcake Flavored Toothpaste $6、Pickle Candy $4など、嫌がらせかっていうおもしろフード！

Goods

好奇心を刺激するおもしろいものや機能的で便利なグッズがありすぎて、店内をウロウロしていると最低でも1時間は過ぎてしまうので要注意！ オーナーのリード＆ジョネル・フジタさんの審美眼で選び抜かれた商品は、デザイン性や機能性も抜群で、男性、女性、子ども、ペットのものまで何でも見つかる。試しに買い物の苦手な夫を連れて行ったら、男性用のギアに夢中になっていた。ここは老若男女すべての人をトリコにする何かがある。

オーナーのお茶目さ全開！ 誰かへのプレゼントに悩んでいる、なんてときなら、なお最高！ そうでなくても誰かに何かをあげたくなっちゃうユニークなグッズが店中にあふれかえっている。店内に設置されたテーブルにはラッピングペーパーが置かれ、それを使って自分でラッピングもできる（有料）なんてアイデアも。つい先週まであったのに今週来たらもうない！ なんてものもあるので、気に入ったら即買いで。おみやげにもおすすめ。

THE REFINERY HONOLULU

ザ・リファイナリー・ホノルル

Kahala Mall 4211 Waialae St., Honolulu ☎808-744-6175
10:00-21:00 (Sun. -18:00) ／ 無休 ／ MAP P155-C-5

ソックスに編み込まれたシュールなイラストはメッセージ代わりに$9.95～。Cookie&Milkのear buds $15、水に浸けると大きくなるセラピスト$3（病院いらず、笑）など、笑えるもの満載！

"TOUCH" Vintage & Collectable

金曜の夜はいつもより1時間長い営業時間なので、レコードのポップアップショップをやっていたりすることも。プリント×プリントで埋め尽くされたカラフルな店内。サイコーだね。

BARRIO VINTAGE

バリオ・ヴィンテージ

1161 Nuuanu Ave., Honolulu / ☎808-674-7156
11:00-18:00 (Fri.-19:00, Sat.-17:00)
Closed on Sun. / MAP P154-B-2

ハワイの大好きなお店の中で5本の指に入るココは、滞在中必ず何度か立ち寄るところ。ハワイのみならず、世界のあちこちからピックアップしてきたハワイに似合うヴィンテージのワンピースやアロハシャツ、生地、アクセサリーがどっさり。いつもあれもこれもと欲張りすぎて帰りのトランクが大変なことに。そんな素敵なパラダイス。プリントもの、古いもの好きならぜひ見に行ってみて、思わぬ掘り出しものに出合えるはず、よ。

GARAGE SALE

ガレージ・セール

とあるマンション内のサンデー・ガレージセールにてデッドストックのGEのミキサーを見つけ、盛り上がる私たち。

週末になるとハワイでは、要らなくなった洋服や雑貨を手頃な値段で売る"ガレージセール"をあちこちでみかける。掘り出し物を見つけて得した気分にもなれるし、ぶらぶら眺めるだけでも楽しい。近所やクレイグスリスト（コミュニティサイト）で案内を見つけたらぜひ行ってみよう。ヴィンテージ好きの私には、まさに宝探し！

WAIKIKI SPORTSのアロハシャツ。イエローベースに白で波がプリントされているあたりが凝ってますね〜。

マコトはアロハを、ハイディは羽織っているカラフルなジャケットを購入。みんなはしゃぎすぎだぞ〜。あ、私か。

マトソン号とレイがプリントされたヴィンテージムームー。かなりボロボロでしたが、このプリントに出会えるとは!

Wiki Wiki One Day Vintage Collectibles & Hawaiiana Show

ウィキ・ウィキ・ワンデイ・ヴィンテージ・コレクティブル＆ハワイアナ・ショー
Neal Blaisdell Hall 777 Ward Ave., Honolulu
☎808-941-9754 / MAP P154-B-2

年に数回、催されるヴィンテージなハワイものが集結するイベント。偶然、滞在と重なっていたら何が何でも行く！　と言いたいところですが、行けないときも。だってだいたいが1日しかやってないんです。だから、お好きな方はその日をめがけてぜひ！　開催日によってホールも大きいほうだったり、小さいほうだったりといろいろ。今回は小ホールにギュギュッと入っていて見やすかったのもあり、短時間で鼻息荒く見て回れました。ヴィンテージ・アロハやムームー、年季の入ったニイハウ・シェル、フラガールの人形もいっぱい!!　あまりに興奮しちゃって、私きっと頭から湯気が出ていたかも！

ダメダメ〜、行かなきゃダメ〜！と、天の声が3人に言っている気がしました。間違いなく勘違いなんですが、ハワイを知るためには大切な勘違いです。ブレイズデルアリーナで行われるショーの会場に到着すると、全員テンションマックス！　ハイディは10ドル以上のものは買わずにお気に入りを手堅く次々ゲット。アカザワさんは普段あまり英語を喋りたがらないくせに、このときばかりは旅の恥を掻き捨てまくりで、欲しいものに目をキラキラさせて、店員さんまでその情熱に負けてディスカウントしちゃう始末。ちなみに僕は、アカザワさんからお金を借りて、アロハシャツを1枚、買わせていただきました。

Heidi's Fashion

今日は海にも行くので、ノエラニ・ハワイのカットソーに、プアラニ・ビーチの巻きスカートを。下には水着をつけて、ちょっとドレッシーに。

ファイティング・イールのワンピースは、何を着ていいか迷ったときの万能ドレス。スリッパにも合うし、サンダルに履き替えれば、フォーマルに。

プアラニの長パンツは、肌寒い日に最適。水着用の素材だから雨に濡れても乾きが早い。ファイティング・イールのトップスとも合うんです。

Heidi's Fashion

明るい色と柄物のボトムの組み合わせは私のワードローブの基本。タンクトップは、安くて色も豊富なターゲットの子ども服売り場でゲット。

ちょっとじめっとした日は、コットンのストラップ・ドレスで。エアコンの効いたレストランやオフィスではヴィンテージのジャケットをオン。

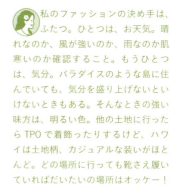

私のファッションの決め手は、ふたつ。ひとつは、お天気。晴れなのか、風が強いのか、雨なのか肌寒いのか確認すること。もうひとつは、気分。パラダイスのような島に住んでいても、気分を盛り上げないといけないときもある。そんなときの強い味方は、明るい色。他の土地に行ったらTPOで着飾ったりするけど、ハワイは土地柄、カジュアルな装いがほとんど。どの場所に行っても靴さえ履いていればだいたいの場所はオッケー！

Heidi's Fashion

お洒落にカクテルを楽しみにお出かけの日。ファイティング・イールのトップにプアラニのパンツを合わせれば、お出かけモードに早変わり。

見た目フォーマルに見えやすいダークな色。パイナップル・モチーフの入ったファイティング・イールのドレスは、簡単にお洒落な雰囲気に。

足が短くて胴長なので、ショート丈トップスにハイウエスト・パンツのスタイルが安心。パンツはスリフト・ショップ、タンクは友達のお下がり。

週末には、ショーツを。サンダルを履き、長袖のトップスで少しドレッシーさをプラス。カラフルな長袖もターゲットの子ども服売り場で購入。

一番のお気に入り、ファイティング・イールのTシャツ。バナナもココナッツも大好き。汚れが目立たないので、汚すのが得意な人向け、笑。

アロハシャツの老舗"サーフライン・ハワイ"を思わせるレトロなサーフ・プリントは、アロハ・フライデーを祝うのにもってこいの一着。

ファイティング・イールのタンクトップは、お腹まわりをカバーするラインで重宝。プアラニ・ハワイのロングパンツを合わせてスタイルアップ！

ファイティング・イールのジャンプスーツは、楽チンで最高！ベルトやヒールを合わせれば、夜のお出かけ用にも使えます。

ファイティング・イールのバナナ柄ドレス。夏は1枚でドレスとしてビーチで活躍。肌寒い季節には、レギンスやブーツでハワイ流重ね着ルックを。

プアラニ・ハワイのドレスは旅行用にも便利なストラップレス・ドレスとミッド・レングスのスカートの2スタイルあり。ビビッドなカラーもグー。

ファイティング・イールのショーツとタンクトップのセット・アップ。カジュアルで風通しもよく、どこにでも着て行ける便利なセット。

パンツで私の一番好きな色は、何にでも合わせやすい白。ジーンズウェアハウスのパイナップル柄トップスとエアコン対策用のストールを合わせて。

LOCAL HAWAII
SHORT TRIP

In life, seeing and experiencing the different places gives us better perspective, appreciation and understanding. Short trips allow us to stretch our muscles of our mind and take in new experiences and discover new places, people and ideas!

ローカルハワイ
ちょっと旅に出る

人生で、違う場所を見たり、経験したりすると
今までのものに対する見方が変わり、
感謝と理解の気持ちが自らにプラスされます。
日常からちょっと離れた小さな旅は、
日頃、緊張している筋肉の張りをやわらげると同時に心の洗濯にも。
しかも、新しい経験やその土地が与えてくれる人との出会い、
アイデアをも与えてくれることになるのです。

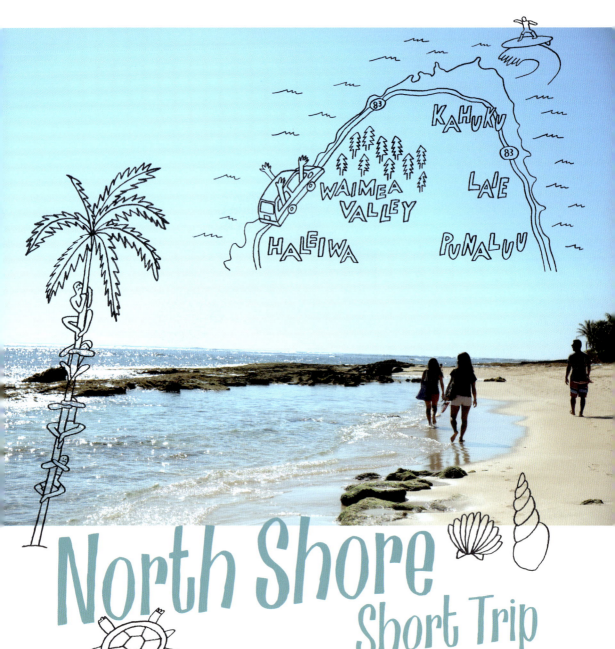

North Shore Short Trip

オアフに住んでいていいことのひとつは、街と田舎が両方あること。精神的にも機能的にも自分自身のバランスがとれる理由はこれに尽きると思っている。街中の喧騒から逃れて自然を求めるとき、ノースショアはロコにとっても、観光客にとっても最適な場所。ノースショアで私の好きな場所をいくつか、ご紹介します。

ルンルンルン！楽しい楽しいノースショア！サーフィンはもちろんのこと、新しいお店が増えている一方で、ノースらしいものはそのまましっかり残っていて、行くたびに発見があるので楽しみです。知識豊富なハイディと鼻の利くアカザワさんと一緒なら鬼に金棒！ということで、今回も新たな発見をし、まるで違う島に来たような感覚でノースを堪能させていただきました。さあさあ、三蔵法師のようなハイディが引き連れる西遊記ならぬ、"北遊記"の始まりです〜！

「ノースに泊まりに行こう！」というハイディからの誘い。全然、クルマで往復できるけど、たまには（←たまにじゃないか）そんなゆるゆるの旅もおもしろそう、と出かけてみることに。ところが、さすがはハイディ！いつもとはまったく違ったノースの旅に。一泊した余裕から、気になったところへぶらりと寄ったり、ひたすら海で貝殻を拾ったり。子ども時代に近くの空き地に探検に出かけたことを思い出すようなワクワク・ショート・トリップになりました。

その昔メキシカンが開いた 奥のスペースが [Cre8]という お店に。

[Cre8]ではアサイーやオーガニックエッグのサラダなども。

今回購入したのは、キヌア入りのマカロニチーズ、タコスを作るときのナチュラルなシーズニング、バナナチップス。ロウ・カカオ・ペースト、ビッグアイランドのQueen Emmaという名のエッセンシャル・オイルなど。それにニュー・デザインになったエコバッグ$15（何個買えば気がすむのか……）。

CELESTIAL NATURAL FOODS

セレスティアル・ナチュラル・フーズ
66-445 Kamehameha Hwy., Haleiwa
☎808-637-6729
9:00-19:00 (Sun. -17:00)
無休
MAP P158-B-1

ハレイワ・タウンの入口に昔からある、オリジナル・ヘルス・ストア。約30年以上も前から、ハレイワの人たちにヘルシーでオーガニックなローカル産の野菜や果物を提供している。ヘルシーなスナックを買ったり、大型店では手に入らないような品物もここで。新鮮な野菜、果物、サプリメント、化粧品、スパイス、バス・ボディ用品が所狭しと並び、併設のキッチン[Cre8]ではアサイボウルやヴィーガン・ピザのテイクアウトなどもできるので、ぜひお試しあれ。

初めて行ったのは今から25年くらい前だったかな。それからノースを訪れると何を買うでもなしに覗くように。アロマオイルやナチュラルなソープ、歯磨き粉などが入って左手に。右手にはローカル・ハニーやナチュラル・フード。奥にはローカル・ファームでとれた野菜、奥の冷蔵庫にはハーブ類も。小袋に分けられたナッツやドライフルーツは、よくドライブ帰りのおやつにしてたなぁ。1974年オープン。今も昔も変わることない、ゆる〜んとした空気が流れる大好きなお店。

上、ハワイ大学の植物の種を販売するおじいちゃん。種はトマト、パパイア、カフク・コーンなど。キムチがサンドされたむすびや酢キャベツといったデリも人気でした。右、私はトマトペーストを購入。

HALE'IWA FARMERS' MARKET

ハレイワ・ファーマーズ・マーケット

Beautyful Waimea Valley 59-864
Kamehameha Hwy., Haleiwa / ☎808-388-9696
Every Thu. 14:00-18:00 / MAP P158-B-1

　オアフ島にある4つのプレミア・グリーン・マーケットのひとつ［ハレイワ・ファーマーズ・マーケット］は、いつも地元の産物を求めてやって来るロコや観光客で大にぎわい。規定がとても厳しく、しかもローカル産とあって信頼度も高いのです。ショッピング・バッグやフォーク、ナイフ、スプーン、お皿は、すべて廃棄可能なバイオディグレータブル製。自分用のお買い物バッグを持参して出かけて。それが、アイランド・ライフの自給自足への道です。

　カカアコやパールリッジも主催する"farmlovers FARMERS' MARKET"によるファーマーズ・マーケットは、数あるなかでも大好きなマーケット。特にワイメア・バレーで毎週木曜にオープンするここは、木曜にノースにいたら必ず立ち寄るところ。芝生が広がる気持ちのいい公園が横にあるので、まずはパンやデリ、スムージーなどを買い、小腹を満たしてから買い物スタート。コンドミニアム滞在中なら野菜中心に。ホテルの場合はデリやフルーツを。サンライズ・シェルやクリスタルの手作りアクセサリーを販売するブースも。他にはないナチュラルなデザインがグーですよ。

上、Hukilau Beachからお店はすぐ。左、Banana Pancake(S) $5.25、Veggie Omelet $8.25、Loco Moco $8.95など、ボリュームたっぷりのローカルらしいメニュー。

HUKILAU CAFE

フキラウ・カフェ

55-662 Wahinepee St., Laie,
☎808-293-8616
6:30-14:00 (Sat. 7:00-11:30)
Closed on Sun & Mon.
MAP P158-A-3

左、"farmlovers FARMERS' MARKET"の主宰者、パメラ・ボイヤーさん。彼女のお眼鏡にかなったもののみが並ぶ、安心、安全なマーケット。

かの有名なハワイのパックリム料理のシェフ、サム・チョイが1981年に開いたレストランからここの歴史は始まる。現オーナーのカラニ・ソーレンさんとサム・チョイは幼なじみ。レストランの裏に家があったことが縁で、近所の集会所としてレストランがスタートしたのだ。コミュニティに対する2人の情熱が実を結び、今では世界中からお客さんが集まるまでに。「家に食べに来いよ」というのは、ロコの決まり文句。この言葉の雰囲気を持ったシンプルなソウルフードと、たくさんの愛とアロハが秘伝のスパイス。席数は15テーブルと少なく、開店と同時にあっという間にいっぱいになるので、早めに出かけてくださいね。

メイン通りから一つ奥まったところにお店があるので、ちょっとわかりにくいのですが、Hukilau Beach近くのPo'ohaili Streetを曲がれば、看板が見えてきます。ローカルの人たちに人気のメニューは、"Hukilau Burger"。とにかく食べ応え十分です。ちなみに、このお店が愛されている理由はそれだけではありません。ハリウッド映画『50回目のファースト・キス』でレストラン名を取り上げられてから、観光客にも愛されるお店になったんです。

105

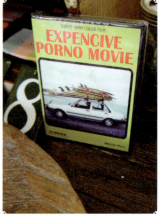

ヴィンテージ・ファブリックを使ったクッション$110〜。古着のTシャツも厳選されたものがずらり。日本人デザイナーによるN.Y.の人気ブランド、"Engineered Garments"のビーサン($86)も発見。レトロなパッケージ・デザインに惹かれ手にしたこちらは、16ミリで撮影したサーフ・ムービー『EXPENCIVE PORNO MOVIE』($20)と、タイトルもお茶目。そして、いつも以上にテンション高めのマコト。

NUMBER 808

ナンバー・808

66-165 Kamehameha Hwy., Haleiwa
☎000-312 1579
10:00-18:00
無休
MAP P158-B-1

ノースに来る楽しみのひとつがこのお店。ジョンさんが経営するこちらはメンズものが多いセレクトショップなのですが、とにかく置いてあるものすべてのセンスがいい！ 実はジョンとはここができる前からの知り合いで、僕がたまたまジョンがデザインしたTシャツを着てワイキキをフラフラしている時に声をかけてくれたのがきっかけで友人になったのです。ハレイワの街にあるのですが、ちょっぴりわかりにくい場所なので、住所をしっかり確認して訪ねてくださいね！ ダンナ様へのおみやげにぜひ。え？ ダンナより自分のものが先？ ですよね〜！

最近マコトがノースに行くたびにここに寄るので、自然と私も行くようになったんですが、ここはヤバイです。いればいるほど買い物しちゃう！ロスでデザイナーをしていたというオーナーのお眼鏡にかなったハワイアナ、洋服、本、家具までが天井高の気持ちいい空間にコーディネートされていて、これがめっちゃ素敵なんです。つい自分の家もこんな感じだったらいいなぁとか、夢見ちゃったりして。それであれもこれも、と手を出してしまうのです。とほほ。

NOELANI HAWAII

ノエラニ・ハワイ

66-437 Kamehameha Hwy, Haleiwa
☎808-389-3709
10:00-17:00 (Sun. 11:00-)
無休
MAP P158-B-1

ノエラニの洋服やアクセサリーを身につけると、幸せな気分になると同時に、女性らしさを思い出させてくれるから不思議。ネックレス$48〜。

ここのアクセサリーのデザインは、オーナーのノエラニによるもの。時間をかけてセレクトしたアイテムと、ひとつひとつのデザインに込められたアロハな気持ちが、人気の秘密。ヨガのインストラクターでもあるノエラニは、出産用のクラスのドゥラ（助産師のようなこと）として、サーフィン、歌、書き物までも！ もちろん、家族との時間も大切にするマルチな女性。情熱が人を魅了するとは、まさに彼女のこと。パラダイスで見つけたアクセサリーで、自分に光をあてて。

左、Mediterranean Eggs Benedict$13。右、S.O.S. $28。リッチで濃厚なロブスター・ビスク的なスープ。ご飯と一緒がオススメ。下、Breakfast Hobo's$6.00。アイスクリームと一緒に食べてみてね！

UNCLE BO'S BAR&GRILL

アンクル・ボーズ・バー&グリル

66-111 Kamehameha Hwy, Unit 101, Haleiwa ☎808-797-9649
10:00-21:00 / 無休 / MAP P158-B-1

S.O.S.です！ これ以上、ハワイでお気に入りのレストランが増えると、僕の胃がこわれちゃいます！ しかも、ハレイワまで来ないといけないなんて…。たとえ、このお店の本店がワイキキ近くのカパフル通り沿いにあったとしても、朝食を食べられるのは、このハレイワ店だけなんて…。2015年9月のオープン以来、僕にとってハレイワで大のお気に入りのお店となっています。特にデザートのHobo'sは、オススメですよ！

そこかしこにハワイらしさを感じるつくりは、ライエというハワイアンの人たちが多く暮らす土地ならでは。アンティKekelaさんは、大学でもフラを教えるクム。ホテルにいるときもあるので、声をかけてみて。タイミングが合えば、フラを教えてもらえるかも。Paul Mitchellのレモン＆セージのアメニティはとーってもいい香り。ハワイらしい雰囲気とシンプルを兼ね備えたプールとジャグジー。

COURTYARD MARRIOTT OAHU NORH SHORE

コートヤード・オアフ・ノースショア
55-400 Kamehameha Hwy., Laie
☎808-293-4900
宿泊料$199〜
MAP P158-B-3

日々の喧騒から離れ、自然やポリネシア文化を堪能するのに最高なホテル。モルモン教の街としても知られるノースショア、ライエの街の中心にあり、[ポリネシアン・カルチャー・センター（PCC）] (P112) が隣という立地もナイス。サーフスポットやのんびりできるビーチ、コルア城、ファームスタンド（産地直送の野菜、果物の販売所）があちこちに点在し、アトラクションにも事欠かないノースを、たった1日でまわるなんてもったいない。1泊と言わず、2泊、3泊として、昔ながらのハワイの雰囲気を味わって。次回宿泊の際にはPCCの無料入場券が付く特典も！

2015年7月にオープンしたここは、オアフ島の北のやや右側あたりにあるロッジスタイルの宿。といっても、ゆったりとしたゲストルームやジャグジー、プール、ジム、レストランなど施設充実。ゲストルームの窓から海が見える部屋も。しかも[PCC]まで徒歩1分！というのもうれしい限りなのです。リラックスした雰囲気のロビーでは、近所の人たちが集まり、気づいたらライブが始まっている、なんてことも。アットホームなノースのステイ先。次も必ずや！

ホテル内のレストラン[The Bistro]は宿泊客のほか、ロコたちにも人気。週末ともなると大にぎわい！ スクランブル、サワーブレッド、ベーコンやポークソーセージ、クリスピーポテトなどの朝ごはん"Morning Scramble"（$11.20）や、イングリッシュマフィンにほうれん草やターキー、ホワイトエッグをサンドしたものとフルーツが付く"Healthy Start"（$8.50）、自家製のスコーン（各$2.75）もオーダー。朝からモリモリ！ 夜はレモン、バター、塩、タイムとともに焼き上げたジューシーな"Herb Roasted Half Chicken"（$15.75）を豪快に。

ゴルフをしない人も、ここのクラブハウス周りでランチをするだけでも、本来のノースを体験することができると思います。9 holes play $16.50、18 holes play $33.00。

KAHUKU GOLF COURSE

カフク・ゴルフ・コース

56-501 Kamehameha Hwy., Kahuku / ☎808-293-5842
6:00-17:30 / 無休 / MAP P158-A-3

知る人ぞ知るゴルフ場です。決して、ファンシーとは言えませんが、ほぼすべてのホール（9ホールのみ）がオーシャンビューなんです。しかも、州営なので、お値段もとってもお手頃なんです。それでいて、なんと言っても、クラブハウスがお洒落です！ そこに行くだけでも価値はあると思います。ちょっぴり寂れた小屋という感じでしょうか？ だけど、みんなに愛されている感がたっぷりあるクラブハウスなんです。

109

SHELL HUNTING　　シェル・ハンティング

言っておきますが、僕、貝拾い、得意なんです。「なんか、暗い」とか思われるかもしれませんが、いいんです。拾ったいろいろなかたちの貝を集めて、メイソン・ジャーにちょこちょこ集めて、楽しんでいるんです。そして、少しずつ溜まっていく貝を時々見て、なごんでいます。なので、今回みんなで行ったこのビーチ、僕にとっては宝島ビーチでした。今度は、ひとりでゆっくり来ようと心に誓いました。

海に入らず、ビーチで楽しむのもたまにはいい。貝拾いは、ノースの美しい海岸美を味わうのにもってこいの過ごし方。暇つぶしにはもちろんだけど、瞑想するにも最高にいいのだ。最初のうちはあんまり目に入らないけれど、ひとたび集中すると美しい貝殻が見えてくるはず。見つけやすい場所は波打ち際で、理想的な時間帯は貝が潮とともに上がってきた早朝。海と太陽の力を感じながら、裸足で心身ともに心地よい時間を過ごしてみて。

大の大人が3人揃って2時間以上、ビーチに座りこんで宝探しならぬ、貝殻探し。最初は砂にしか見えなかった場所も、よ〜く見ると、美しい貝殻があちらこちらに。"貝殻目"になってきたらこっちのもの。次々に出てくるキュートな貝殻に目をキラキラさせて（いたはず）、黙々と探し続けました。「実は僕得意なんだよね」といいのが見つかると自慢げに見せに来るマコトに対し、「あ、かわいい!」というと、そっと私の手に自分の見つけた貝を置いてくれるやさしいハイディ。後半は、マコトと私の陣地取りで大騒ぎ! しかし、どこに行ってもこんなですなぁ。

ハワイにおけるサーフ・スポーツのメッカ、ワイメア・ベイからサンセット・ビーチまで約4マイルのピースフルな遊歩道。ロコのサーファーが使うこの道を、ビーチ・クルーザーをレンタルしてサイクリングはいかが。肌で風を感じながら、トロピカルな景色を楽しむサイクリングは最高！ コースのシメには、ハウピア・チョコレート・パイで有名な［テッド・ベーカリー］で自分にご褒美。甘いものが苦手な人は、リンドバーグやノレートラナナを。ほとんど日陰の道なので、1日を通して楽しめるアクティビティです。

24時間で$15とお値打ちなうえ、ハンド・ブレーキ方式なので、慣れるまでそんなに時間もかからないはず。

NORTH SHORE SURF SHOP

ノース・ショア・サーフ・ショップ
59-694 Kamehameha Hwy., Haleiwa ☎808-630-0390
7:00~20:30 / 無休 / MAP P158-A-1

KAHUKU LAND FARM STAND

カフク・ランド・ファーム・スタンド
Kamehameha Hwy., Kahuku
10:00~Sunset
無休
MAP P158-A-2

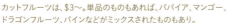

カットフルーツは、$3～。単品のものもあれば、パパイア、マンゴー、ドラゴンフルーツ、パインなどがミックスされたものもあり。

ちょっぴりお高めなのはわかっているんですが、道が混んでいたりすると寄り道してしまうフルーツ・スタンド。丸ごとも、カットしたものも購入できるのですが、私が買うのはカット・フルーツや春巻きの皮のようなものにバナナを巻いて揚げたおやつ"ルンピア"など。おやつ時間に通ってしまったら、最後。このカラフルな見た目に負け、ついつい買ってしまうのです。

POLYNESIAN CULTURAL CENTER

ポリネシアン・カルチャー・センター

55-370 Kamehameha Hwy., Laie
☎808-293-3333
11:45-21:00
Closed on Sun.
MAP P158-B-3

ポリネシアの文化や精神を世界中に知ってもらうために、50年以上も前につくられた、42エーカーの広さを誇る文化施設。実はここで働く人の多くは、ブリンガム・ヤング大学の学生。ダンサーたちはもちろん、ポリネシアの国々からやってきた本物です。一番のおすすめ、総勢100名のキャストが出演する"HA: ブレス・オブ・ライフ"は、その壮大さとアロハを感じる、世界最大のポリネシアン・ショー。まさに本物のメルティング・ポットなのです！

まさかの大フィーバー、と言ったら怒られちゃいますが、もともと、ポリネシアのカルチャーを学べる場ということで、きっと好きだよと友人たちに言われながら、訪れるようになったのはここ5年くらい。ショーを見てからすっかりハマってしまいました。ハワイ、タヒチ、トンガ、サモアなどポリネシアのさまざまな島のカルチャーがわかるアクティビティがこれまたハマるんです。今回も童心にかえり、3人とも夢中でチャレンジ。気づいたら日が暮れていました。楽しかった〜。

PAPA OLE'S KITCHEN

パパ・オレズ・キッチン
54-316 Kamehameha #9 Hwy., Hauula / ☎808-293-2292
7:00-21:00(Tue. -15:00) / Closed on Wed. / MAP P150 D-3

ノースショア、ハウウラの街の隠れ家的レストラン。ロコにおいしいところ教えて、と聞くと皆、必ずここを紹介してくれる。屋内、屋外どちらでも食事できるカジュアルな雰囲気で、店の前の大きなテーブルで食べていると、ピクニック・パーティーをしているかのよう。メニューは、ロコたちが大好きな巨大ポーションのプレートランチ。人気は、ガーリック・チキンとブレフ・リブ。私のおすすめは、何をオーダーしてもおいしい、朝食メニュー。みんなでいろいろ頼んでシェアするのが楽しい！

Steak&Eggs $12、Sweet Bread French Toast $6 の他、サイドでフライド・ポテトを別オーダーするのが私流。量、味ともにバツグン。会計は現金のみなので、気をつけて。

毎日14:30〜は、カヌーに乗ったダンサーが各島のダンスを披露するカヌー・ショーが。ウクレレやフラを習ったり、ハワイのオセロのようなゲームをしたりも。カヌーに乗りながら園内の植物を解説してくれるアクティビティは大人気！それにしても何をやっても爆笑の連続という楽しいひととき。大人にも必要ですね〜、こういう時間。

カレーの付け合わせは、ダールというマスタード・シードのレンズ豆のスープ。フィジー風インドカレー$9.95〜。待つ間は、インド風のスパイスや見たこともない材料が見つかる興味深い店内を探索するのも楽しい。

FIJI MARKET & CURRY SHOP

フィジー・マーケット＆カレー・ショップ
56-565 Kamehameha Hwy, Kahuku
☎808-293-7120
11:00-21:00 / Closed on Sun. / MAP P158-A-3

ガソリンスタンド裏にひっそり隠れた食料品店。そのまた奥の目立たないカウンターで、なんとフィジー風インドカレーのプレートと、ニュージーランドのミート・パイが買えるのです。カレーの具は、ジャガイモとナスがほとんどなので、ベジタリアンにもうれしい限り。お肉好きなら手の平サイズのずっしりとしたパイを。ハワイでいう、スパムむすびやコーンビーフ・カレーの、ニュージーランド＆オーストラリア版といったところ。

ハイディにとって、ノースの食べ物はガーリックシュリンプでもなく、カフクマーケットのポケでもありませんでした。ハイディにとってのノースの食べ物は、フィジーのものが多く売られている雑貨屋さんのインドカリーだったのです。レベルの違いを感じました。

ノースの北東部でドライブしていてお腹が空いたらこちらへ。ハウウラにあるカヤズ・ストアの奥にあるここは、父と息子のコンビでお店を切り盛りするプレートランチ店。2人のヘアスタイルからその名がついたのだとか。親子の人柄もいいけれど、とにかく味が最高！今日は人気のFried Ahi Poke Plate（$10.50）とBeef Rib（$9.50）に、欲張ってMini Loco Moco（$5.95）とMini Garlic Butter Shrimp（$6.95）も。閉店は5時だけど、念のため4時半ごろまでに出かけると安心。カジュアルな屋外での食事は、ハワイ気分を盛り上げてくれますよ。

卵付きKim chee Fried Rice with 2eggs（$8.95）と、ちょっと野菜を意識して、Thai Chicken Salad（$8.75）も思わずオーダーしちゃいました。

2 BALD GUYS

ツー・ボールド・ガイズ
53-534 Kamehameha Hwy., Honolulu
☎808-888-8419
7:00-16:30 (Tue. -14:00)
Closed on Wed.
MAP P158-B-3

114

カフェの脇には採れたての野菜やフルーツの販売が。Half Papaya with Ice Cream $4、トマト、きゅうり、モッツァレラ、バジルペーストがのったボリュームピザFarm Pizza&Side Salad $8.75、パパイア、アップルバナナ、パイナップルジュースなどがミックスされたFarm Fresh SmoothiesのPapaya Power $4.75。リリコイ・バター、ゼリー、ハニーなどのプロダクトはおみやげに。各$6。

KAHUKU FARMS

カフク・ファーム

56-800 Kamehameha Hwy., Kahuku
☎808-293-8159
11:00-16:00
Closed on Tue.
MAP 158-A-3

サトウキビのプランテーション労働者としてハワイに移民してきたマツダ家とフクヤマ家が、100年ほど前からそれぞれに始めた農場。ともに友人であり、同じような考えを持つことから1980年に協力体制を組み、90年には合同会社としてさまざまな事業に取り組むようになったのだとか。ドライブに来るとここでトウモロコシやスイカを買うのが私のルート。併設のカフェのフードもおいしいし、子どもたちに安心して食べさせられるのもうれしいところなんです。

100年以上前に2つの日系ファミリーによってスタートしたファームが、2010年、カフク・ファームとしてリ・スタート。4代目のカイリィさんを中心にご主人や妹さんとともに、カフェを併設したり、畑で採れた野菜やフルーツ、はちみつなどのプロダクトを販売するように。また、ハワイ初のアリィーの育成や、100%カフクのカカオを使ったチョコレート・バーを作るなど、まだまだやりたいことがたくさんある、というカイリィさん。この先のプロジェクトも楽しみ！

KAWELA BAY BEACH

カヴェラ・ベイ・ビーチ
MAP P158-A-2

ハレイワからタートルベイのホテルに向かい、ホテルの手前にあるここらで一番大きなフルーツスタンドの界隈に車を止めて、ちょこっと歩いてビーチに向かいます。最近は、車上荒らしが多いので、気をつけてくださいね。ちょっとした林を抜けると、大きな大きなバニヤンツリーが左手に見えてきます。そして、目の前に穏やかな海が見えてくるのです。このビーチは、どんなにノースの波が大きくなっても決してその影響を受けず、1年を通して穏やかな波で、ゆっくりとしたビーチタイムを過ごせます。ちょっとした冒険感もあるので、ノースに行った際にはぜひ寄り道してみてくださいね。

116

私たちが食べたのはどーんと大きなリブアイとポーク、それに豆の煮たものなどがダイナミックに詰め合わされたEverything Plate $25。お肉がジューシーでうまっ！3人でも食べきれないほどのボリューム。

HI-BBQ

ハイ・バーベキュー
57 N Kamehameha Hwy., Kahuku
☎ 808-724-2341
11:00-18:00 / Closed on Mon.& Tue. / MAP P158-A-2

僕らは、アポなしで直接その場でお願いして、取材することが往々にしてあります。そのほうが時間も気にせず、本当に紹介したいものが紹介できるし、気に入ったものを取材できるからです。ここも、ハイディが言うように、看板を通りすがりに見つけて、みんなで「おおっ！なんか気になるぞ！」ということで取材した場所なのです。みんなの勘は間違いありませんでした。これぞ、旅の醍醐味！達成感のある幸せなときを牧場に吹く風の中で感じました。

「あれ？」マコトとハイディが同時に奇声を発するので聞くと、気になる看板があったとか。「じゃあ戻る？」と言うと、揃って「うん！」。ま、じゃ、戻りましょー。と、来てみたところは林の入り口!?そして"BBQ→"の文字。でこぼこ道を行くとまた"BBQ→"。ほんとにあるの〜？どっきりなんじゃないの〜？道はうねうね曲がり、看板は3枚を過ぎたら出てこなくなってしまった…が、急にどーんと開けたところに、このトラック！めでたくBBQプレートにありつけました。

ノースドライブの途中、立て看板に引き寄せられて横道に。くねくね道を登った丘の上にあったのがこのバーベキュー・トラックとロデオのアリーナ。ものは試し。さっそく、ミックス・プレートをオーダーすることに。360度に広がる広大なノースショアの景色をおかずに、バーベキューを頬張りながら、大感激の私たち。ブリスケット肉の大きさとやわらかさに、うれしい悲鳴連発。プレートは大きいのでシェアしてちょうどいいボリューム。オーナーは、この牧場のオーナーの息子さんでした！

Short Trip
Waimanalo & Kailua

[アイ・ラブ・ナロ]の裏手、芝生が広がる中庭にこんなスペースが。
この壁とみんなの表情の組み合わせがちょっとおもしろい。

YOGA MOVES HAWAII

ヨガ・ムーブス・ハワイ
41-1025 Kalanianaole Hwy., Waimanalo
Fri. 8:30-9:45, Tue 17:30-18:45 / MAP P159-C-2

ヘルシー志向のハイディはヨガが大好き。今回さまざまなところにお供させてもらったなかで、私が一番心地よく無理せず、レッスンが受けられたところ。先生のやさしい教え方、話し方などすべてがじんわりと心と体に沁み入ってくる感じ。これなら続けられそう、と初めて思えたヨガ体験でした。とはいえ、場所はワイマナロ。[アイ・ラブ・ナロ](P121)を訪れるついでにちょっと参加してみることをおすすめします。

イースト・オアフに浸りたいときは、テンポをスロー・ダウン。深呼吸して、山々や木々が豊かな島をゆっくりと堪能すること。そんなムードになるには、こちらの〝アイアンガー・ヨガ〟がおすすめ。年齢、性別、体型、体の柔軟性に関係なく、それぞれのポーズで体を矯正し、スタミナやバランス、柔軟性を強化。健康に対する意識を目覚めさせるのが、このヨガ。教えてくれるのは、ヨガの他にも、ダンス、体操の先生、エネルギー・ヒーラー、絵描き、グラフックデザイナー、そして壁画作家でもあるマルチな先生、ローリー・フリードさん。私たちは、金曜の朝レッスンにトライ。ヨガで心身を整えた後は、裏手にあるヘルシーな[アイラブ・ナロ]でブランチを!

ハイディとマコトのイチオシは、たっぷりのフレッシュ野菜にビーツのフムスやタブレとタヒニソースがかかったMedi Bowl $11。BBQ Portobello Sandwich ($10)や玄米とゆっくりローストした野菜が味わえるRoasted Veg Plate($11)もグー。

🧑 ワイマナロが好きになった理由のひとつがこのお店の存在です。安心してたくさん野菜が食べられるなんて！ お店のコンセプトは"地元で暮らす人たちの食事に対する概念を変えたい"。糖尿病などが多くなっている昨今、ハワイの方々に、「こんなにおいしい野菜がハワイで採れるんだよ。もっともっとハワイのものを食べようよ！」と伝えているというのですから、素晴らしすぎオ！ あ、もうひとつ素晴らしいのは、オーナーさんが美人でして…（汗）。

🧑 息子たちに"ヴィーガン"という言葉を発すると、なぜかあまりいいリアクションをしない。自分の体をつくる食については、たくさんの経験をさせてあげたいと思うのが、母心。この日は何種類かオーダーしてシェア。カラフルな料理の色に子どもたちはびっくり。見た目だけでなく、味も負けてないのは、きっとワイマナロの土、太陽、水と、才能にあふれたシェフのおかげ。味、量、質がそろった料理に、息子たちも大満足！ ナロのマナを味わってみたい人はぜひ。

AI LOVE NALO

アイ・ラブ・ナロ

41-1025 Kalanianaole Hwy., Waimanalo
9:00-17:00 / Closed on Tue. / MAP P159-C-2

WAIMANALO MARKET CO-OP

毎日違うデリに出合えるのもここの魅力です。ポケ1パウンド$22、キムチ1パック$3。

ワイマナロ・マーケット・コープ

41-1029 Kalanianaole Hwy., Waimanalo
☎808-690-7607 / 9:00-18:00（Sun. -16:00）
Closed on Mon. / MAP P159-C-2

🧑 ［アイ・ラブ・ナロ］のお隣り。［メルズ・マーケット］というお店が50年ほど続いていた場所に、約1年前にできた会員制マーケット。近所の農家や、地球に優しいライフスタイルをサポートする地元の人たちによる、新鮮な野菜、果物、卵、植物、工芸品、ハワイの伝統的な健康薬のほか、ポケなどのデリまで並ぶ。地元コミュニティーで買い物することが、島の健康につながる、良いカルマを感じさせるマーケットです。

🧑 ここで売られているキムチを買いに行きます。そして、その場で作ってくれるポケも買います。すっかり顔見知りです。キムチだけのためにわざわざ訪れたりもしています。ワイキキから40分もかかるのに…。あ〜、あのキムチとアロハ豆腐をご飯にかけて食べたいな〜。ということで、ではでは、ちょっと行ってきま〜す！

121

SPLASH! HAWAII KAILUA

スプラッシュ・ハワイ・カイルア

143 Hekili St., Kailua
☎808-262-8080
9:00-17:00 (Thu.-Sat. -19:00)
無休 / MAP P159-A-2

ハイディはここのセールコーナーが大好き。意外な掘り出し物あり！

ハワイでは誰もが知っている水着のお店だけれど、驚いたことにカイルア店では、スリッパやビーチスタイルに合った靴が置いてあるのみ。しかも、ハワイで人気のブランドの種類と数では、1、2を争うほど。私はここで、"Ipanema"のサンダルをゲット。ビーチに行くにもお出かけするにも、するっと履けてとっても便利。いつもセールコーナーがあるのもいいんです。

アラモアナにオープンして35年という老舗スイムウエアショップ。当時からビーチに似合うサンダルも少しはありましたが、カイルア店は全面的にビーチ仕様のサンダルやシューズのお店に。ベース部分がヨガマットでできているためフィット感も抜群のカリフォルニアブランド"Sanuk"や、おなじみ"Tom's"、"Ipanema"、ハワイのセレブに人気の"Olukai"など、種類豊富！

THE LOCAL HAWAII

ザ・ローカル・ハワイ

131 Hekili St #108, Kailua
10:30-18:00
無休
MAP P159-A-2

今日のシロップは、Haiku ValleyのMountain Apple、MakahaのMango、LaieのVanillaの3種 $5.50。アイスクリームを加えると+$1。コンデンスミルクは+¢75。

おしゃれセレクトショップ[アロハ・ビーチ・クラブ]内にあるシェイブアイス屋さん。フレッシュ・ジンジャー、マウンテン・アップル、グアヴァ、バニラなど、ローカル産の新鮮な旬の果物をベースにした、エキサイティングなシロップが私のお気に入り。合成甘味料などをまったく使用していないフレッシュな味わいと、シロップが果物の旬によって替わるのもいいのです。いろいろなフレーバーをブレンドして、自分の好みの味を作るのも楽しみな、グルメ・シェイブアイスです。

ISLAND BUNGALOW HAWAII

アイランド・バンガロー・ハワイ

131 Hokili St., Kailua
☎808-536-4543
10:00-18:00
不定休
MAP P159-A-2

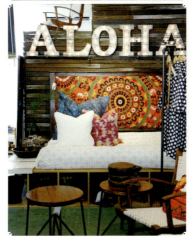

開放的で風通しがいい、アーティスティックな才気あふれる、ホーム・インテリア・ショップ。グローバルな雰囲気と昔ながらの島のライフスタイルがうまくマッチした店内が素敵。オーナーによるブロック・プリントとハンド・スクリーンの作品や、地元デザイナーによるものが充実。植物や自然由来の染料で手染めしたインディゴ染めの布は、クッションなどのインテリアやドレスにしてもよさそう。ブロック・プリント、インディゴ染めなどのハンドクラフトや瞑想のクラス、イベントなども開催してます。

ウズベキスタンのスザニ刺繍がほどこされたベッドボード（$1,500）から、オリジナルのChakura Print Blocksのクッションカバー（$25）など、ワールドワイド×オリジナルな品揃え。

LEAHI HEALTH KAILUA

レアヒ・ヘルス・カイルア

418 Kuulei Rd., Kailua
☎808-261-5683
9:00-17:00（Sun. 10:00-15:00）
無休
MAP P159-A-2

スムージーと何かちょこっと食べたいというときはココへ。値段が手頃というだけでなく、オーガニックや地元農家直送の材料を使っているので、安心で安全。キング・グリーンと多めのジンジャーを入れた2種類のスムージーが私のお気に入り。もうちょっとお腹がすいているときは、ケールにタヒニ・ドレッシング、アボカド、フリカケ、砕いたアーモンドをトッピングしたサーファー・ボウルを。

スムージーやコンブチャ、ケールのサラダなどがヘルシー志向のロコに大人気のお店。カイムキ店に続き、カイルアにもオープン。ハイディは時間がないときのランチにポイ、チアシード、スピルリナなどが入ったスムージーLowenbe Hold（$8）で体調管理しているそう。どれもおいしいけれど、私的にはケール山盛りのサーファー・ボウルがイチオシ。

ケール、赤キャベツ、ゴジベリーなどをバルサミコ酢ドレッシングで和えたSurfer Bowl $9。下にブラウンライスが敷いてあるので混ぜながら食べて。

ここでみんなが集まると、歯止めがきかなくて大変！今朝は、Banana Chocolate Chip Pancakes $4.50(IP)、Hamburger Patty&Cheese($9.50)など、ドドーッとオーダー。いい意味で普通でおいしいこのお味。そしてこのリラックスできる空気感。好きだなぁ（アカザワ）。

TIMES COFFEE SHOP

タイムズ・コーヒー・ショップ

153 Hamakua Dr., Kailua
☎808-262-0300 / 6:30-14:00
無休 / MAP P159-B-2

カイルアのローカル・ダイナーといえばココ。ブランチ、ランチといつでも気取らず立ち寄れるので、幼い頃から家族や友達との週末ブランチの定番だったところ。メニューはローカル色の濃い、フライド・ライス、ポーチギー・ソーセージ、ロコモコ、コーンビーフ、ワッフル、パンケーキなど。ヘルシーとは言えないけれど、居心地の良さと空気感、ローカル感はバツグン。量が多いので、残ったらお持ち帰りもOK。店の目の前は鳥の保護区になっている湿地帯。バード・ウォッチングしながらお腹をこなすストレッチも忘れずに。

THE SOURCE NATURAL FOODS

ザ・ソース・ナチュラル・フーズ

32 Kainehe St., Kailua / ☎808-262-5604
9:00-19:00 (Sat. -18:00, Sun. 10:00-17:00)
無休 / MAP P159-A-1

右上から時計回りに。以前から使ってみたかった、Natural Botanicalsシリーズのサンオイルとトナー。グルテンフリーのPancake&Waffle Mix$7.49、Coconut Wraps($12.29)はグルテンフリー。ビッグアイランド・カムエラのはちみつ($21.49)など。

こんなにカイルアに通っているのに、ハイディに教えてもらうまで知りませんでした。ハレイワの[Celestial Natural Foods](P103)の友人がやっているということもあり、似たような感じのお店ですが、サプリ系がとっても充実していて、スピリチュアル系のものもあって楽しいんです。薬はここで買おうと思いました。店員さんも信頼の置けそうな方だったし！

あまりにもさりげない佇まいで今までずっと気付かなかったナチュラル・ストア。オープンは1986年。なんと、ハワイで最初にオーガニックのお店として認定されたところだったのでした。野菜やフルーツのほか、見たことないはちみつやグルテンフリーのパンや、ビタミン剤など、試してみたい食材がいろいろ。コスメやビタミン剤も充実してましたよ。

トロピカルなデザインのクラッチが大ヒットしたローカル・デザイナー"Samudra"のジェニファー・ビニーさんが、夫と2人の子どもたちと暮らすカイルアにオープンした自身のお店。イースト・オアフのイメージそのものの色を眺めているような色合いの店内には、コットン・キャンバス地のトロピカルなクラッチやポーチ、トートバッグ、洋服などが、彼女が旅先で気に入ったものと一緒に並ぶ。ビーチで羽織ったり、スカート代わりにしたり使い方いろいろのハワイの実用品、パレオも充実。ここは間違いなく、私のショッピング・スポット!!

ハワイの風景写真をプリントしたバッグやパレオが流行り出したのはいつ頃からだったかなぁ。その走りを作り出したのが"Samudra"。今やすっかり定着しているが、飽きることがないのは風景が多いからだろうか。ここはそのデザイナーが、コスメ、カゴ、キャンドルなど、自身の好きなものを集めたセレクトショップ。写真プリントのバッグはもちろん、洋服、サーフボードなど、他ではなかなか見られないようなアイテムも揃うのがうれしい。ちなみに"Samudra"とはサンスクリット語で"by the Ocean"という意味なんだとか。

最初は不思議だった写真プリントだけれど、今や大好きなアイテムのひとつに。パウチ$65。AFTER SUN$12、Bath Salt$18など、パッケージもキュートなボディケアシリーズ。ここに来ると、みんな試着に大忙しの大さわぎで大変!

ALOHA SUPERETTE
アロハ・スパレット

438 Uluniu St., Kailua / ☎808-261-1011
10:00-18:00 / 無休
MAP P159-A-2

ワヒアワはオアフの中でも日系人がたくさん暮らしている街としても知られる。雲が集まり、少し涼しいからか、森の中にいるようなヒーリングな街、と思うのは私だけ？

Short Trip Wahiawa

この街は、僕らにとって［アラモアナ・センター］なんです。スリフトショップ、リサイクルショップ、セカンドハンドショップなどが充実していて、ごはんもおいしい。1日中いても全然飽きません。レトロ感あふれるこの街の雰囲気も大好きです。その昔、サトウキビ畑で一生懸命働いていた方々が築き上げた街だからこそ、こういうハワイらしい雰囲気が今でも残っているのでしょうね。いつまでもこのままでいてほしい。さあ、さあ、掘り出し物を見つけますよ〜！

🙎‍♀️ ワヒアワの街に来たら、寄らずにはいられないこちら！ パンケーキも 2Egg & Ham も何を隠そう、オアフの中でココのが一番好きなのです。創業1946年。その昔は、わざわざローラースケートを履いてフードを運んでいた時代もあったとか。すごい！ 思わず、今のおばちゃんたちとローラースケートのイメージを重ね合わせてしまいました。夜は夜で、ローカルならではのハワイアン・ライブが！ 実は我が両親がハワイで一番最初に来たレストランもここなのです、笑。

🙎‍♀️ オアフ島の中心にあることから、島のマナが集まるヒーリング地帯といわれるワヒアワ。そんな街にあるレストラン［ドッツ］は、映画にでもなりそうな長くカラフルな歴史があるところ。1946年のオープン当時から、400人も入る大きなバンケットルームで、何人もの人生の節目節目の行事が祝われてきたのだとか。今はファミリーレストランとして、夜はライブ・ミュージックを楽しめるレストランに。ローカルのソウルフードが懐かしくなったらぜひココへ。

鉄板の上でジュージューと音を立てて出てくるハンバーグステーキやロコモコ、サイミンはもちろん、昼までに売り切れてしまう入口カウンターで売っているスカフィン（スコーンとマフィン）や寿司も必食ですよ！

DOTS

ドッツ

130 Mango St., Wahiawa
☎808-622-4115
8:00-21:00 (Tue.-Thu. 11:00-)
無休
MAP P158-D-3

薄くてガブガブ飲めるコーヒーに合う、朝ごはん。それぞれ好きなものを頼んだらテーブルがにぎやかなことに。Two Poachede Eggs on Toast $7.25、Fried Rice Omelett $8.25、Smoked Sausage&Two Egg $7.95、Hot Cake Short Stack$5.25など。どれもめっちゃおいしいんです♥

127

SUNNY SIDE

サニー・サイド

1017 Kilani Ave., Wahiawa
☎808-621-7188
6:00-17:00 (Sat. -16:00, Sun. 7:00-13:00)
無休 / MAP P158-C-3

「大変！ 急がないと次の取材の約束に間に合わないわ！」とハイディに急かされつつも「ちょっとだけ。本当にちょっとだけだから」とアカザワさんといそいそと抜け出して行ってしまった、パイとフライドライスがおいしいドライブイン。僕たちにとって［ドッツ］とココはなぜかわからないけど、ワヒアワの代名詞と言ってもいいぐらい好きな場所でして。時間がないということもあり、今回はフライドライスはなしにして、日替わりのパイを食べにきました〜！ あ、そうそう、ハイディ、[Kilani Bakery] にも行っていい？ ダメだよね…。ハイ…。

食いしん坊のマコトと私は、カメラの広瀬さんに大好きなココのバナナパイを食べさせたくて、ちょっと立ち寄り。広「あれ？バナナがどこにも入ってないですね？」アカ「あれ？ほんとだ」→再びオーダー。マコ「おー、これこれ、これじゃん！」アカ「ほんとだ、これこれ。やっぱおいしい」広「チョコも入ってるんですね」マコ＆アカ「シーン…」というわけで、結局、最初にアップルパイを食べ、次にバナナと思って食べたのはチョコパイだったという、ダメな私たち。まぁ、全部おいしいからいいんですけどね。

なぜかメロンシャーベットの味がすると私たちの間で評判のBlueberry Pie、ロコに人気のChoco Bananaなど1ピース、各$1.50。朝ごはんもうまし！

ALOHA SUB

アロハ・サブ

55 S.Kamehameha Hwy., Wahiawa
☎808-799-5799 / 10:00-20:00 (Sun. -17:00)
無休 / MAP P158-D-3

サンドイッチはどれも巨大なフルサイズで$15.96、ハーフサイズ$7.98。それにアボカドやエキストラでチーズを加えるなど、あれこれカスタムできるシステム。

サブ・サンドとホームメイドのカップケーキ屋さん。サンドイッチは注文が入ってから具材をサンドしてくれるのでフレッシュでおいしい！ しかも2人分はあるビッグサイズも魅力。一番人気は、The Adam Sand。どのサンドイッチにも有名サーファーの名前がつけられているのは、会社の創業地が、ノースショアのサーフ・ブレークスだから。

いくつかの場所で名前を見たことがあったのでチェーン店かなと思いきや、フランチャイズらしいこちら。だからか、サーフポイントがサンドイッチの名前になっているところまでは同じだけれど、お店によって微妙に違いが。ここはおかみさんが作ったBanana NutollaやStrawberry Guavaなどのカップケーキもありますよ（各$2.25）。

お肉とチーズ、ワカモレ、サワークリームがドカンとのったNachos Grande $10、ご飯とお肉、豆が盛り合わさったCombination Platesは、$10〜。お通し的な自家製チップスがおいしすぎてやめられないとまらない。サルサソースをのせてバリバリ、ポリポリ。ほんと、このお店、おいしくてヤバすぎます！

TAQUERIA EL RANCHERO

タケリア・エル・ランチェロ

823 California Ave., Wahiawa / ☎808-621-9000
10:00〜22:00 (Sat.&Sun. 〜20:00)
無休 / MAP P158-D-3

ワヒアワの近くにはミリタリーベースがあるので、本土からの軍関係の人たちもたくさんこの街を訪れます。そのせいか、おいしいメキシカン料理のお店が多いのです。ハイディおすすめのココもそのひとつ。テイクアウトする人も多いカジュアルなのですが、お酒もあって料理もおいしくて、値段も手頃なんです。僕らは15時ぐらいから食べていたのですが、15時半を過ぎると、あれよあれよという間にお客さんたちが列を成していました。ワヒアワの街、奥が深いです。

ハワイで本場の味に一番近いメキシカン料理のお店といったら、ココ！ タコス作りの専門家と、メキシコとカリフォルニアからやって来たシェフが作るチップスと種類豊富なサルサソースが、何度もココを訪れたくなる理由のひとつ。いつ行っても行列が途切れないのに、タコスが$1になる毎週火曜のタコス・チューズデーなんてもう大変！ タコスはおつまみにちょうどいいサイズ。お腹がペコペコなときには、ブリトー・グランデがおすすめ。

129

WAHIAWA BOTANICAL GARDENS

ワヒアワ・ボタニカル・ガーデンズ

1396 California Ave., Wahiawa ☎808-621-7321
9:00-16:00 / 無休 / MAP P158-C-3

「あ〜、気持ちいい！」この一言に尽きるボタニカルガーデンです。特に、スリフトショップ、リサイクルショップなどを巡り巡って、その間にひと休みするには最高の場所です！大きく育った木々をじーっと眺めていると、この土地が植物に適していて、愛されているんだな〜というのがよくわかります。ノースに行く途中、ここで休憩するのも素敵だと思いますよ。

60種類以上の古木や珍しいシダの群生の中を散策できる、27エーカーの広大な植物園。元は1920年代にハワイ・シュガー・プランター・アソシエーションが実験的に始めたところで、正式にオープンしたのは1957年のこと。しかもオアフで唯一、桜を見られる場所なのです。若かった頃は、よく花見に来たなぁ。入園無料です。ゆっくり自然を満喫して。

オアフに5つある植物園のひとつ。僕は以前ここでフリーで配っていたレッドチリペッパーの木を育てて、レッドチリをいっぱい使ったペペロンチーノを作ったことがあります。

SURFERS COFFEE BAR

サーファーズ・コーヒー・バー

63 Kamehameha Hwy., Wahiawa ☎808-439-3644
7:00-21:00 (Tue.&Thu.-19:00, Sun.-14:00)
Closed on Mon. / MAP P158-D-3

ワヒアワでぶらりとしたあと、ちょっとコーヒーが飲みたいなぁってときに立ち寄るところ。ヴィンテージ風のサーフィンのポスターがあちこちに貼られ、ゆっくりとシーリングファンがまわる天井高の店内。ソファや椅子の配置もゆったりしていて、好みのインテリアだったのが何度か立ち寄るきっかけに。コーヒーはハワイにしては濃いめ。なのでチョコレートとカラースプレーがかかったジャンクなドーナツと一緒がベストです。夜はライブもある様子。いつか行ってみたいな。

店内では本を読んだり、パソコンを打ったりしている人も。親切なお店のスタッフは、皆ボランティアなんだそう。

TAKANO STORE

タカノ・ストア

161 S. Kamehameha Hwy., Wahiawa
☎ 808 622 0049
5:00-14:00 (Sat.6:00-) / Closed on Sun. / MAP P158-D-3

OkazuはNishimeやShoyu Chickenなど$2〜。ハイディの大好物Corn Sushiは1個¢60。Fresh Ahiは1パウンド$12.99。Poke Bowlは白飯、玄米、酢飯が選べて$6.95。

こういうお店が新店舗としてできちゃうのが、ワヒアワの素晴らしいところなのでは？と思うのです。他では"OKAZUYA"は消えていっているのに、このお店は2015年にオープンしたばかりなのだそう。なんて素晴らしいんでしょう！味は、正直に言います。日本人には、ちょっと甘めの味付けかもしれません。なんてったって、ワヒアワに新しくオープンしたくらいですから、まずはロコの人たちのお口に合わないといけませんからね！でも、この雰囲気とサービスと、地元感は最高です！ちなみに、このときの取材で、ハイディがCone Sushi（おいなりさん）好きだと知りました。

みんな頼みたいものが多くて、選ぶのが大変でした。いつになく激しく頼みたいものを主張するハイディ、笑。懐かしいメニューが多かったみたい。

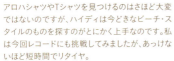

アロハシャツやTシャツを見つけるのはさほど大変ではないのですが、ハイディは今どきなビーチ・スタイルのものを探すのがとにかく上手なのです。私は今回レコードにも挑戦してみましたが、あっけないほど短時間でリタイヤ。

THE SALVATION ARMY

ザ・サルベーション・アーミー

435 kilani Ave., Wahiawa　☎808-621-7083
9:00-18:00 ／ 無休 ／ MAP P158-D-2

GOODWILL WAHIAWA

グッドウィル・ワヒアワ

823 California Ave., Wahiawa　☎808-621-6054
9:00-19:00(Sun.-17:30) ／ 無休 ／ MAP P158-D-3

WAHIAWA GENERAL HOSPITAL THRIFT SHOP

ワヒアワ・ジェネラル・ホスピタル・スリフト・ショップ

128 Lehua St., Wahiawa　☎808-622-5966
9:30-12:30
Closed on Sat.& Sun. ／ MAP P158-C-3

スリフト・ショップでのショッピングは、3人とも大好き。お店に入るやいなや、ヨーイドン！であちこちのラックに向かって、まっしぐらの宝探し競争。この日は、なんでも半額になるラッキーデー。私は主人用に、トミー・バハマのアロハシャツを。なんと驚きの$1.50（普通はだいたい$120はする代物）。そしてフット・マッサージ機を$10（通常価格$200）でゲット。利用価値あるアイテムが手に入って気分爽快！

今回の3人の戦利品。私はジューリーを買いてしまいあとで持ち帰るのがえらい大変でした。が、今やキッチンで重宝しております。カメラマンの広瀬さんはラーメン丼をサイズ違いで。なぜ、ハワイで!? ハイディは足マッサージ機、マコトは人生ゲーム。みんな、ちょっと、ちょっと〜。大丈夫!?

「この"シグゼーン"のアロハシャツ$3なの？ 僕、これ買います！ あと、このおもちゃはいくらですか？」と、店主らしきおばあさんに聞きました。すると、おばあさんは「あ〜〜〜？…いいよ、やるよ！」って。「えっ!？ いいの？」「いいよ、いいよ、持ってきな〜」 笑顔でそう言うのでした。その後、アカザワさんもなにやらタダでもらいものをしていました。な、なんなんでしょう？ こういうことがあるから、宝探しはやめられません。ワヒアワ、街も人も大っ好きですっ！

3人集まるとグッドウィルやサルベーションアーミーの看板を見つけたら最後、どんなに時間がなくても「ちょっと寄ろうか」となってしまう。そんな私たちにとってワヒアワは[アラモアナ・センター]的なショッピング地区。あちこちのスリフト・ショップで眠っているお宝が見つかるからおもしろい。なかでもハイディの見つけ方は天才的！ 私はハイディがいらないといって放り投げたピンクのパンツやロゴ入りタンクトップを拾っては自分のカゴへ。マコトもハイディの後ろをウロウロ、笑。ダメな私たちですが、今回もお宝に出会えちゃいましたよ。

133

レンタカーがあれば、ハワイの旅はこんなに自由!!

私たちのハワイ滞在に絶対欠かせないのが、レンタカーの存在。バスやタクシーもいいけれど、自分たちのペースで過ごせるのは、やはりレンタカーがあってこそ。
今回もノースショアにカイルア、ワイマナロ、ワヒアワ…とゆるっとモードのショートトリップでも大活躍でした。気の向くままに運転して、思いがけない出会いがあるのもまた、レンタカー・ドライブの魅力なのです。

DRIVE A GO! GO!

話に夢中になって、道を間違えたり、目的地を通り過ぎるなんて、僕らには日常茶飯事。でも、そのおかげで新たな発見もよくあるんです。いろいろあったけど、今回、特にそんな状況だったのが［Hi-BBQ］（P117）を見つけたとき。みんなでアカザワさんの馬鹿話に爆笑しながらノースをドライブしているときのこと。〝BBQ〟の看板を見つけ一瞬沈黙になり、Uターン。山道を抜け、何度か同じような〝BBQ〟の看板を目印に、ようやく到着したんです。そういうことができるのは、車だからこそ。心地よい風を受けながら、自分たちのハワイの時間を過ごせるのも、レンタカーで移動しているからこそ（ちなみに、僕らはいつも窓を閉めてクーラーガンガンで自分たちだけの心地よい環境をつくって車を走らせてますけど）。

DRIVING VIEW

☞ **ハワイのレンタカー予約なら〝レンティングカーズ〟が便利！！**

海外レンタカーの一括検索・予約エンジン「レンティングカーズ」が日本語サイトでのサービスを開始。世界の主要なレンタカー会社の料金を横並びのウィンドウで簡単に比較でき、最安値が一目瞭然！ シンプルな操作性でスマホでも予約手配できるうえ、税・サ込みの料金提示ゆえに支払いの段階で「あれ？ 高くなってる…」なんて不満もナシ。予約サポートやカスタマーサービスにはスタッフが日本語で対応してくれるのも安心です。

   レンティングカーズ

LOCAL HAWAII
STAY

Where you lay to rest and recuperate, makes a huge difference in how you feel and affects our outlook on life. When we are well rested we can function better on all levels. Every accommodation has a unique feel and qualities. Here is our personal favorite places to stay and a little information on the details they offer to recreate, refresh and relax mind, body and soul in Hawaii! Enjoy your time paradise style as you feel it!

ローカルハワイ
滞在する

日常から離れてゆっくりと休養をとり、心身ともに回復した後は、
自然と見た目や気分に大きな違いが出るもの。
十分に休んだことで心身が 100 パーセント機能するのです。
だから、旅の間の滞在先はとても大切。
ハワイで心身のリクリエート、リフレッシュ、
リラックスマインドができる、個人的に好きな場所をまとめてみました。
それぞれのフィーリングに合った場所で、パラダイスな時間を楽しんで。

ROOMS WITH
A NICE VIEW

上、瀟洒な雰囲気と100年を超える創業の悠々とした貫禄漂う正面入り口。左、ゆったりととられた空間とダイヤモンドヘッド&ワイキキビーチビューの贅沢な新館ゲストルーム。ほぼウォッシュレット付き。右、このシンプルなプールは私のお気に入りの場所のひとつ。

MOANA SURFRIDER
A WESTIN RESORT & SPA

モアナ・サーフライダー・ウェスティン・リゾート&スパ
2365 Kalakaua Ave., Honolulu
☎808-922-3111 / 日本国内専用 ☎0120-922-775
宿泊料 $350〜 / jp.moana-surfrider.com
MAP P157-C-4

2016年、115周年を迎えたハワイきっての老舗ホテル。ここに滞在するときは、なるべく外に出かけないことが多い。特に何をするわけでもないけれど、朝ごはんを食べたら軽く海で泳いで、疲れたら中庭の"ビーチ・バー"でビールを飲んで、部屋に戻って昼寝。あるいは持ってきた普段読まないような分厚い本にチャレンジしてみたりして、結局、昼寝……。夕暮れにはサンセットを見にまたビーチへ。そしてバーで軽くごはん。そんな時間を自分でも驚くほど優雅に満喫できるところ。やっぱりそれはここが"ワイキキのファースト・レディ"と呼ばれる所以!? なんとも優雅なリゾート時間が流れているのです。

「ニュー・バランス・ギア・レンディング」を利用すれば、運動に必要な新品のウエア、ソックス、シューズのセットがレンタルできる（1滞在＄5〜）。

モアナはハワイの歴史的ランドマーク。ハワイの王族がワイキキ・ビーチの精霊な水で心身をリフレッシュしたり、その優雅でチャーミングな雰囲気で世界中のゲストを魅了してきた。つい最近は創立115周年の記念をお祝いしたばかり。それを記念したウィークリーイベントとして、ハワイアンのサンライズ・セレモニー"Hóala"をスタート。歴史ツアーやカルチャー・クラス、バニヤン・コートでのライブ・ミュージックなど、毎日のようにイベントを開催。ワイキキのロコの定例になりつつある"Vino&Vinyassa"（P73）や"Mele at the Moana"（星空の下でのハワイアン・コンサート）といった月イチのイベントにも運が良ければ遭遇できるかも。

到着してすぐの日や体調を整えたいときは、ルームサービスの"Sleep Well Menu"を。写真のEgg White Omelet＄22の他、サラダやヨーグルト、ハーブティーもアリ。

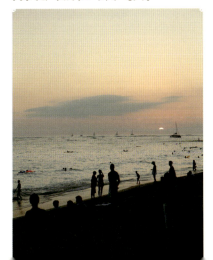

その昔、ハワイアンたちは真水と海水が交差する"カヴェヘヴェヘ"と呼ばれる、ハレクラニ前のこの海に浸かり、病を治したという謂れがあるところ。海のブルーより、ややエメラルドグリーンな部分がそれです。

ROOMS WITH A NICE VIEW

やわらかな白で統一された部屋の色は、窓から広がるダイヤモンドヘッドと海、空の色がより美しく目に映るようにとの細やかな配慮。ラナイの椅子に座り、外を眺めても遮ることのないテラスの柵の高さも同じ心遣いから。ここが快適な理由はこんなことからもわかる。

HALEKULANI

ハレクラニ

2199 Kalia Rd., Honolulu
☎808-923-2311 / 国内での問い合わせ ☎0120-489823 / 宿泊料金 $585~
www.halekulani.com/jp
MAP P156-D-3

白をベースにした建物に対し、庭のそこかしこに芝生やヤシの木といったグリーンをふんだんに配したハレクラニの造り。ホテル内をぶらりとするだけで気持ちいいのは、知らぬ間にこのたくさんのグリーンが目に入ってくるから。

贅沢にとられた空間と、ダイヤモンドヘッドと海をひたすら楽しむためのラナイ、海正面の広々としたグリーンが生い茂る中庭、白で統一された落ち着いた客室、夕暮れのフラ・ショーなど、挙げればキリがないくらい素敵なところだらけのホテル。なのですが、ここの気持ち良さをより一層引き立てているのは、スタッフのハワイらしいホスピタリティ。一歩ホテルに足を踏み入れた瞬間から訪れる、包み込まれるようなあたたかさや、アロハの精神が息づいたきめ細やかな配慮は、いつだってここでの滞在をより心地よくしてくれる。ハワイ語で「天国にふさわしい館」と名付けられた理由もまた、そこにあるのだと、毎度、納得する私なのです。

HILTON HAWAIIAN VILLAGE WAIKIKI BEACH RESORT

ヒルトン・ハワイアン・ビレッジ・ワイキキ・ビーチ・リゾート
2005 Kalia Rd., Honolulu
☎808-949-4321
宿泊料$219〜
hiltonhawaiianvillage.jp
MAP P156-D-2

ワイキキの中心に比べ、静かでゆったりできるヒルトンサイドのビーチ。このビーチが花火のときはロコたちの特等席となる！

パンの木と呼ばれるハワイでよく見かける木をプリントした浴衣スタイルのバスローブはアリイタワーのみのしつらえ。

多くの観光客にとっておなじみのホテルであり、ロコの"ステイケーション"の場としても人気。アメリカには"子どもを1人育てるには、村がひとつ必要だ"ということわざがあるけれど、ヒルトン・ハワイアン・ビレッジは、まさにそんなところ。目の前には、美しい砂浜のビーチ、スイミング・プール、ラグーン、レストラン、さまざまなアクティビティ、伝統的なハワイのエンターテインメント、ショッピング、そして心からのリラックスを約束してくれるすばらしい客室と、至れり尽くせり。親切なホテルスタッフがあたたかい笑顔とアロハで迎えてくれる。

ビレッジ内の中でも贅が尽されたアリイタワー。コーナー部屋の2面の窓からは、パノラマの海がドーンと広がりを見せる。

ROOMS WITH A NICE VIEW

142

アリイタワー専用の海が見えるプール。サイドにはこれまた専用のプール・バーも。

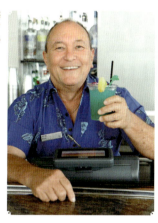

ワイキキの喧騒から離れたプライベート感覚のビーチ、広々としたプール、夜毎催されるハワイアン・ライブ……。ヒルトンはビレッジと名が付くだけあって、ここだけですべてが完結するのがすごいところ。昔、マコトのおばあちゃんがここだけがワイキキだと思ったという話をいつも思い出してしまう、笑。ヒルトンの良さは便利なだけではなく、各所に垣間見られる古き良きハワイのかけら。例えばそれは、ショーの衣装だったり、タパタワーの壁沿いに施されたハワイを彩ってきたスターたちのヒストリー・ボードだったり。古きを愛し、新しきを取り入れる、ミックス・スタイルの巧みさが、このホテルが愛され続ける理由なのかもなぁ。

HISTORICAL BOARD

ハワイ王朝時代の1891年頃〜観光客が押し寄せて来ていた1950年代、エルヴィス・プレスリー、マイケル・ジャクソンといったスターたちが訪れた様子など、ハワイとヒルトンの長い歴史を知るタパタワー横の展示。

何度見ても、飽きることのない中庭からのあっぱれな眺め。

THE ROYAL HAWAIIAN, A LUXURY COLLECTION RESORT

ザ・ロイヤル・ハワイアン・
ラグジュアリー・コレクション・リゾート

2259 Kalakaua Ave., Honolulu
☎808-923-7311
宿泊料 $420～
jp.royal-hawaiian.com
MAP P156-C-3

Mailani Towerの客室からワイキキビーチを望む、の図。いつ見てもこの光景はいいもんですね～。砂浜にピンクのパラソルが咲いた色合いとブルーの海のコントラストがよく合うなぁ。

小さいながらも品のあるプールは、私のお気に入り。何が好きかって、ピンクのカバナに横たわり、優雅にお昼寝するのと、ジャングルな雰囲気のジャグジーでぼんやりすること。

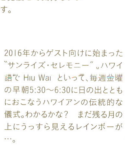

広々としたラナイにソファまであるMailani Towerの客室。高い階からは、ワイキキビーチがドーンと見渡せて気持ちいい〜のです。

2016年からゲスト向けに始まった"サンライズ・セレモニー"。ハワイ語で Hiu Wai といって、毎週金曜の早朝5:30〜6:30に日の出とともにおこなうハワイアンの伝統的な儀式。わかるかな？ まだ残る月の上にうっすら見えるレインボーが…。

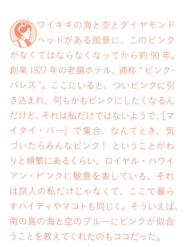

🌺 ワイキキの海と空とダイヤモンドヘッドがある風景に、このピンクがなくてはならなくなってから約90年。創業1927年の老舗ホテル、通称"ピンク・パレス"。ここにいると、ついピンクに引き込まれ、何もかもピンクにしたくなるんだけど、それは私だけではないようで、[マイタイ・バー]で集合、なんてとき、気づいたらみんなピンク！ ということがわりと頻繁にあるくらい、ロイヤル・ハワイアン・ピンクに敬意を表している。それは旅人の私だけじゃなくて、ここで暮らすハイディやマコトも同じく。そういえば、南の島の海と空のブルーにピンクが似合うことを教えてくれたのもココだった。

ハワイ王朝時代の紋章が手彫りされた重厚な木のドアや、ヒストリカルな雰囲気が随所に残る本館は、ピンクの壁紙でまとめられたロマンチックな客室。

145

左、キッチン付きは、古き良きハワイの雰囲気を感じるリラックスできる部屋。

下、ホテル仕様のステューディオはアラワイ運河とダイヤモンドヘッド、夜は街の明かりが楽しめるお部屋。

WAIKIKI SAND VILLA HOTEL

ワイキキ・サンド・ビラ・ホテル
2375 Ala Wai Blvd., Honolulu
☎808-922-4744
宿泊料金$130〜
www.sandvillajapan.com
MAP P157-C-4

ホテル内のレストラン裏手にはなんと足湯が！笑　日本ではおなじみのこちら、ハイディはかなり感激した様子。気づけば何度も入っていました。ジャグジーはエコに海水を使用。

3階建て低層のキッチン付きヴィラとアラワイ運河とダイヤモンドヘッドを望むホテルサイドの2タイプ。どちらもワイキキにありながらリーズナブルなため、長期滞在のリピーターたちに人気。とは聞いていた。が、こんなに快適とは！　ヴィラサイドの中庭のプールは、まわりをヴィラとグリーンに囲まれているせいか、ワイキキとは思えないほど静か。キッチンは鍋やボウルといった調理道具がしっかり揃い、毎日料理するのが楽しみになるつくり。夜中まで営業しているレストランや朝のフリーブッフェ、足湯まであって至れり尽くせりなのです。長期でリーズナブルに快適に、と思っている人、ここはかなり狙い目ですよ。

ホテル中庭のプールは、アイランドをぐる〜っと囲んだ楕円形。朝から真剣に何度もぐるぐる泳いでいる人たち多し。気持ちいいですよ！

ホテルの朝食ブッフェ（$13.95）。フレッシュ野菜、卵料理、フライドライス、コーヒーと充実の品揃え。なごやかな時間が流れています。

WAIKIKI PARC HOTEL

ワイキキ・パーク・ホテル

2233 Helumoa Rd., Honolulu
☎808-921-7272 / 宿泊料$220-
www.waikikiparc.com/jp
MAP P156-C-3

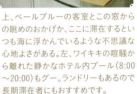

クリーンで都会的センスのインテリアが施された、スタイリッシュなワイキキの隠れ家的ブティックホテル。モダンでエレガントな部屋には、プランテーション・スタイルのシャッターがやさしい陽の光を。ゆったりとくつろげるのは、たぶん、美しく神聖な癒やしの水"カヴェヘヴェヘ"(ハワイ語で病気を除くという意味)というパワースポットに面しているからだと思う。カヴェヘヴェヘの辺りは、海底から淡水が湧き出ているため、砂地になっているのだとか。毎週金曜の夕方5時半から6時半には、総支配人が主催する人気のワイン・レセプションも開催。おいしいカナッペと一緒に限定ワインをどうぞ。

上、ペールブルーの客室とこの窓からの眺めのおかげか、ここに滞在するといつも海に浮かんでいるような不思議な心地よさがある。左、ワイキキの喧騒から離れた静かなホテル内プール(8:00〜20:00)もグー。ランドリーもあるので長期滞在者にもおすすめです。

毎週金曜の夕方、Aloha Fridayには、ホテルのゲストにオリジナルワインとおつまみがふるまわれる素敵な時間も。ロビーにゲストたちが集合し、とてもにぎやかな雰囲気。

THE SURFJACK HOTEL & SWIM CLUB

ザ・サーフジャック・ホテル&スイムクラブ

412 Lewers St., Honolulu
☎808-923-8882
宿泊料金 $399~
www.aquahospitality.jp/hotels/instinct/
the-surfjack-hotel-swim-club/
MAP P156-C-3

ヴィンテージの生地を使ったクッションやハワイアナなど、古き良きハワイを彷彿とさせる物と雰囲気が漂うキャッチーなフロントまわり。

60年代のサーフカルチャーをバックに、今、ハワイで注目のアーティストたちが演出したという、2016年4月ソフトオープンした噂のホテル。取材時はまだ建設中でほんの一部しか撮影できず、でしたが、フロントバックのヴィンテージ小物やクロスを配したスペースの雰囲気を見せてもらっただけで、ハートをわしづかみされちゃいました。ゲストルームのベッドボードやホテル内レストランにもトリ・リチャードのヴィンテージ・クロスを惜しげもなく使うなど、古き良きハワイを愛する私たちは終始、目がハート。次のハワイは絶対ココに泊まりたいなぁ、なんて妄想中。

太陽の光を受け、キラキラ眩しいこのプールがフロントを抜けるとすぐにお出迎え。

上、トリ・リチャードのヴィンテージ生地を配したホテルレストラン内のソファ席。左、なんとトイレのクロスもこのかわいさ！

私たちがJALでハワイに行く理由

ハワイのヘヴィ・リピーターから支持率No.1のエアラインといえばJAL。
JALユーザーだけが楽しめるお得な特典をはじめ、
選ばれる理由がこんなにも！

ハワイに行くかな、と思うとまずやるのがJALのHPでエアの空きをチェックすること。羽田から1便、成田から3便が毎日飛んでいるので、時間を自由に選べるのがJALを選ぶ一番の理由。羽田から夜遅くに出発する便が出たことで、より気軽にハワイへ行こう！　と思うようになった人も多いはず。そうそう、少し前からスタートしたプレミアムエコノミーがいよいよ成田からの1便にも実現するらしいので、これは近々、乗ってみたいなぁと思っているところ。先日、帰りの機内食にまたまた麺が復活していましたが、これは当分続くのかな？だとしたらうれしい。そろそろ日本食を、と思っているタイミングの帰りの便で、麺類やのり巻き的なものが出てくると気持ちがほっこり。こういうキメの細やかさは、やっぱりさすがなんですよね〜。

私がJALを利用する理由のひとつは、なんといってもカスタマーサービスが行き届いているから。チェックイン時の親切な対応から始まって、ていねいな荷物の取り扱い。エコノミーなのにもかかわらず、ゆったりした座席。ドリンク、スナックの機内サービスもてきぱきと早いし、種類豊富な飲み物のお代わりも、頻繁にサービスしてくれる。私のお楽しみは、質量ともにレベルが高い機内食。驚いたのは、乳幼児用のベッド。キャビンアテンダントが人一倍気を配ってくれるので、赤ちゃん連れの家族には、うれしい限り。JALは、いつも私を貴族のような気分にさせてくれるの。

1930〜40年代の頃、ハワイを訪れるには、まだ船だけでという時代がありました。当時活躍していた豪華客船がかの有名な"Matson Line"です。アメリカ本土の人たちはこの船で、楽園の地・ハワイを目指したそうな。そして、今、僕ら日本人は、その"Matson Line"と同様な感じで、"Japan Airlines"で楽園の地・ハワイを目指している、そんなふうに思っています。

無料体験プログラムで心とカラダをメンテナンス

JALでハワイに行くと楽しめる無料体験プログラムがあるのはご存じ？ 期間中、JALの日本〜ハワイ線を利用してハワイ（オアフ島）に滞在する人なら誰でも申し込み可能。たとえば、「感じる！ ハワイの心地よさ」では、海辺でのモーニング・フラや公園でのモーニング・ヨガ体験、緑あふれるガーデン巡りなど、ハワイの"マナ"を感じられるコースを設定。そのほか、ファミリー向けのクラフト体験やアクティブ派向けのスポーツ体験など、スタイルに合わせて選べるのもうれしい。旅の予定が決まったらWEBサイトから事前に申し込みを。

旅のスタイルに合わせてチョイス！

感じる！ ハワイの心地よさ
◎ハワイのマナを感じる 海辺でモーニング・フラ
◎青い空と緑に囲まれて深呼吸 モーニング・ヨガ
◎美しい花と緑の散策 ワイキキ・ガーデン巡り

触れる！ ハワイの文化と歴史
◎グルメ＆ショッピング！ カイルアタウン自由散歩
◎古き良き街並みと最新スポットの魅力 ハレイワタウン自由散策
◎ハワイの歴史を探る プランテーションビレッジとサトウキビ列車

つくる！ ハワイの思い出
◎親子の思い出 ハワイアン・フォトフレーム作り
◎ハワイの思い出 オリジナル・リボンレイ・メイキング

楽しむ！ ハワイでスポーツ体験
◎絶景スポット！オアフの最東端 マカプウ岬ハイキング
◎ハワイの風を感じKCCを目指して エンジョイ・ラン＆ウォーク

※体験できるのは1人１つ、先着順です。※航空券・ツアーの予約前・購入前でも申し込みできます。※掲載のプログラムの内容は〜2016年9月30日のものです。10月以降のプログラム詳細やお申し込み方法についてはWEBサイトをご確認ください。※写真はイメージです。

JAL 無料体験プログラム

無料体験プログラム 日本事務局 ☎03-3345-1522
（土日祝、年末年始期間を除く11:00〜18:00）

JALOALO CARDで島内の移動もお得にスイスイ！

期間中、日本からハワイへJAL便の対象航空券を利用してオアフ島に滞在する人が申し込めるJALOALO CARD。提示によって約180店の加盟店でさまざまな特典を受けられます。今回は特に充実している交通特典にしぼってご紹介。特典を利用して、お得にスムーズに移動しましょう。

※特典期間は～2016年9月30日(金)。10月以降の特典についてはWEBサイトをご確認ください。
※パッケージツアー、団体ツアー利用者は対象外です。

 ジャルパック レインボートロリー（アラモアナ限定）
乗車時にJALOALOカードをドライバーに提示すれば、アラモアナルートに限って期間中何度でも乗り降り自由。

 ロバーツハワイ（空港送迎シャトルバス）
通常料金から3～18％割引のほか、8名以上(～14名)の利用でチャーター便での送迎が可能に。特典利用はJALOALO事前予約サイトからの申し込みが必要。

 チャーリーズ・タクシー（空港送迎タクシー）
片道定額料金（チップ込み、1台4～5名）に加えて、ハワイ島やカウアイ島などの他島（国内線）からの空港利用の際もJALOALO特典が適用可能に。特典利用はJALOALO事前予約サイトからの申し込みが必要。

[JALOALO CARD 🔍]

JALクーポンの活用範囲、拡大中！

 ハワイの人気ホテルも利用可能に！
JALのマイルを利用して交換可能なJALクーポン。2016年4月より、「アウトリガー・リーフ・ワイキキ・ビーチ・リゾート」「アウトリガー・ワイキキ・ビーチ・リゾート」「アラモアナ・ホテル」の宿泊にもJALクーポンが利用できるように。マイルを貯めてハワイの人気ホテルに泊まりましょう。

※10,000マイル＝JALクーポン2,000円券×6枚（12,000円相当）から10,000マイル単位で交換可能。
※上記ホテルの支払いは、オークラニッコーホテルズ予約センター（☎0120-58-2586)または、ホテルニッコー＆JALシティ公式サイトから予約の場合のみJALクーポンの利用可能。

[JALクーポン特典 🔍]

アガる機内食でハワイ気分を先取り！

 話題沸騰！JAL限定のコラボレーション
旅のお楽しみといえば、機内食。高級ディナーを立ち飲みスタイルで提供することで話題の[俺のフレンチ][俺のイタリアン]とコラボレーションした機内食「俺の機内食 for Resort」がいただけるのはJALだけ（成田・名古屋・関空発のエコノミークラス・プレミアムエコノミークラス）。また羽田発の便では、オアフ島の人気カフェ監修の「カフェ・カイラ for Resort」をホノルル到着前の朝食にサーヴ（エコノミークラス・プレミアムエコノミークラス）。機内から、ひと足先にアイランド・モードにスイッチ・オン！

※写真はイメージです。内容等は変更になる可能性があります。
※コラボレーションは2016年7月現在のものです。

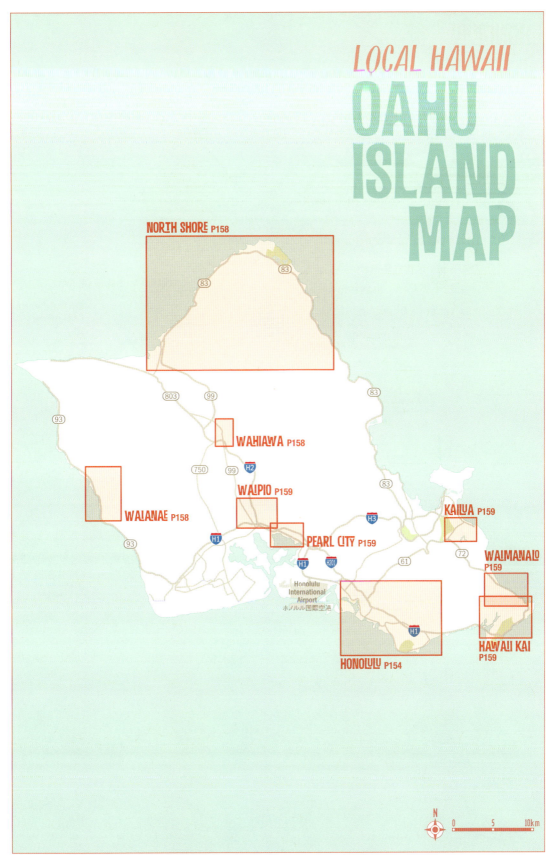

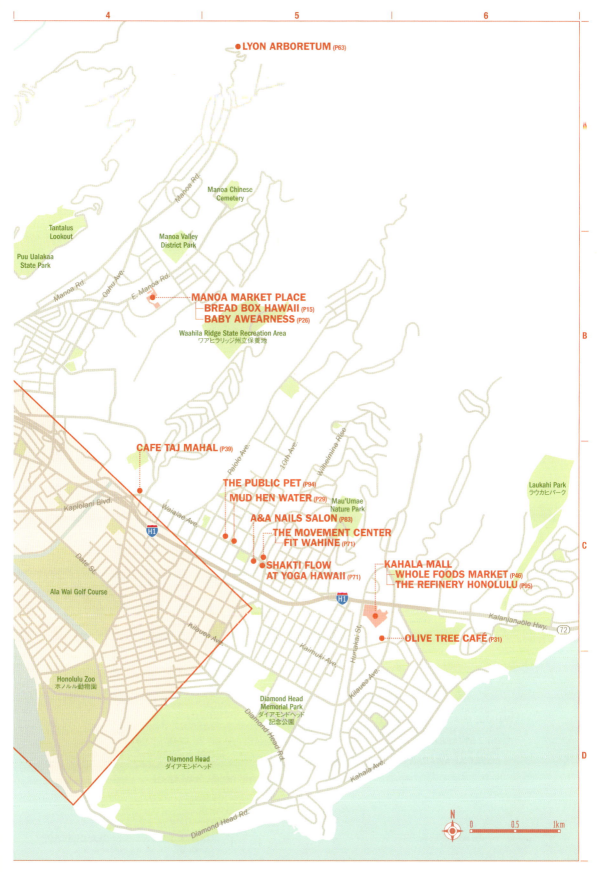

NORTH SHORE
ノースショア

- KAWELA BAY BEACH (P116)
- KAHUKU LAND FARM STAND (P111)
- HI-BBQ (P117)
- FIJI MARKET & CURRY SHOP (P114)
- KAHUKU FARMS (P115)
- KAHUKU GOLF COURSE (P109)
- HUKILAU CAFE (P105)
- NORTH SHORE SURF SHOP (P111)
- POLYNESIAN CULTURAL CENTER (P112)
- HALE'IWA FARMERS' MARKET (P104)
- COURTYARD MARRIOTT OAHU NORTH SHORE (P108)
- PAPA OLE'S KITCHEN (P113)
- 2 BALD GUYS (P114)
- UNCLE BO'S BAR&GRILL (P107)
- NUMBER 808 (P106)
- NOELANI HAWAII (P107)
- CELESTIAL NATURAL FOODS (P103)

WAIANAE
ワイアナエ

- KAHUMANA ORGANIC FARM&CAFÉ (P16)
- HANNARA RESTAURANT (P23)
- WAIANAE COAST COMPREHENSIVE HEALTH CENTER (P64)
- KA'AHA'AINA CAFE (P22)

WAHIAWA
ワヒアワ

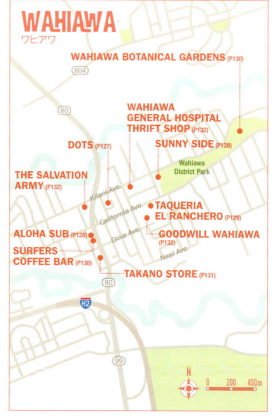

- WAHIAWA BOTANICAL GARDENS (P130)
- WAHIAWA GENERAL HOSPITAL THRIFT SHOP (P132)
- DOTS (P127)
- SUNNY SIDE (P128)
- THE SALVATION ARMY (P132)
- TAQUERIA EL RANCHERO (P129)
- ALOHA SUB (P128)
- GOODWILL WAHIAWA (P132)
- SURFERS COFFEE BAR (P130)
- TAKANO STORE (P131)

158

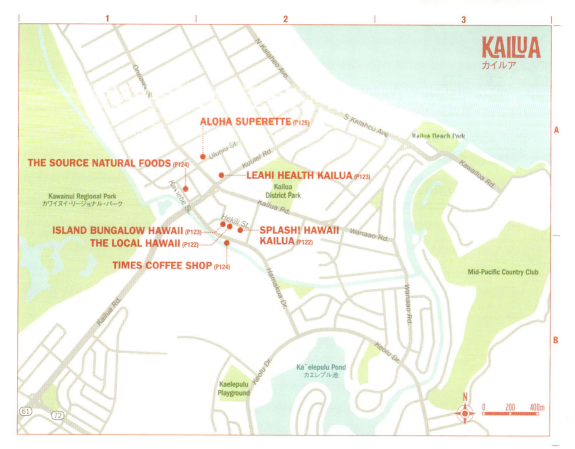
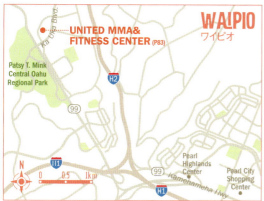
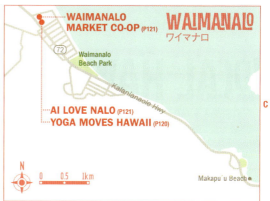

Mahalo !!

ハイディ同様、ハワイを教えてくれ、二人三脚してきたマコト、通訳という大役を担ってくれた姉のような存在のエミコ、大騒ぎな私たちを常に静かに見守り、この楽しさを写真に残してくれたカメラマンの広瀬貴子さん、そしてこの本をかたちにしようと思ってくださった勇気ある(笑)編集の村瀬彩子さん、私たちに合わせたキュートなブックデザインをしてくれた、デザイナーの藤田康平さんともあたたかで、やわらかなハワイ時間を共有できました。お世話になりました、ありがとう! (アカザワ)

内野 亮　Makoto Uchino

大学からハワイで過ごし、そのままハワイで就職後、フリーに。雑誌やテレビなどのコーディネーターとして活躍する一方、自身の本の執筆や番組出演も。BS・CS 放送番組『ハワイに恋して』の MC として出演中。赤澤かおりとの共著に『THIS IS GUIDE BOOK IN HAWAII』『Travel Hawaii』(ともに主婦と生活社)など多数。ハイディとは 20 年以上、コーディネーター業をともにしてきた仕事仲間。プライベートでも姉弟のような関係。

ハイディ・タム　Heidi Taam

ハワイ生まれ、ハワイ育ちのローカルジャパニーズ(日系 4 世)。20 年ほど前、大阪で英語の教師をした経験も。コーディネーター。日々を楽しむこと、自分の心とカラダを鍛えること、すべてに対してアロハであることを忘れない、が信条。毎日、海に入ること、サーフィンすることが日課。同じくハワイ生まれ、ハワイ育ちの夫と 2 人の息子、愛犬ジョージとともに、ワイキキの海を見下ろす高台の平屋に暮らす。マコトとアカザワとは仕事仲間でもあり、家族のようでもある友人。

赤澤かおり　Kaori Akazawa

出版社にて雑誌編集を経てフリー編集＆ライターに。料理と旅を中心に執筆、編集。ユーズドのアロハシャツや muumuu をサーフパンツやワンピースにリメイクするブランド『Aloha Tailor of Waikiki』を友人と主宰。内野亮との共著に『Go！Go！Farmers' Market』(誠文堂新光社) など多数。著書に『Aloha Print Book』(誠文堂新光社)、『鎌倉 のんで、食べる。』(朝日新聞出版社) などがある。ハイディ、マコトとは 20 年以上にわたる仕事仲間であり、友人。ともに家族のような存在。

LOCAL HAWAII
〜ロコが教える心とカラダのメンテナンスガイド〜

2016 年 8 月 10 日　初版第 1 刷発行

著　者　　赤澤かおり　ハイディ・タム　内野 亮
発行人　　今出 央
発行所　　株式会社 京阪神エルマガジン社
　　　　　〒550-8575 大阪市西区江戸堀1-10-8
　　　　　TEL：06-6446-7716 (編集)
　　　　　　　 06-6446-7718 (販売)
　　　　　www.Lmagazine.jp
印刷・製本　図書印刷株式会社

[staff]
撮影　─── 広瀬貴子
デザイン ─── 藤田康平＋古川唯衣 (Barber)
イラスト ─── 藤井友子
地図　─── マップデザイン研究室
協力　─── エミコ・エザートン
編集　─── 村瀬彩子

©Kaori Akazawa, Heidi Taam, Makoto Uchino
2016 Printed in Japan
ISBN978-4-87435-511-4　C0026

乱丁・落丁本はお取り替えいたします。
本書内容の無断転載、複製を禁じます。